年金制度改正の解説

令和2年改正で年金はこう変わる

JM057060

はじめに

　公的年金制度、企業年金制度等を見直すための「年金制度の機能強化のための国民年金法等の一部を改正する法律」が、第201回通常国会で成立し、令和2年6月5日に公布されました。

　今回の改正の目的は、より多くの人がより長く多様な形で働く社会へと変化する中で、長期化する高齢期の経済基盤の充実を図ることです。

　老後の所得保障の柱となる公的年金をはじめ、企業年金や個人年金について理解を深めることは、個人のライフプランにおける着実な資産形成のためにもたいへん重要です。

　本書では、改正法と厚生労働省の資料等をもとに、改正事項の実施時期とその内容を解説しました。

　本書を年金相談やライフプランセミナーの副読本、あるいは生活設計のための参考図書として、幅広くご活用いただけましたら幸いです。

令和2年7月　社会保険研究所

●もくじ

■**根拠条文について**

国年法：国民年金法、**厚年法**：厚生年金保険法、**機能強化法**：公的年金制度の財政基盤及び最低保障機能の強化等のための国民年金法等の一部を改正する法律（平成24年法律第62号）、**国共済法**：国家公務員共済組合法、**地共済法**：地方公務員等共済組合法、**私学共済法**：私立学校教職員共済法、**DC法**：確定拠出年金法、**DB法**：確定給付企業年金法、**平成16年改正法**：国民年金法等の一部を改正する法律（平成16年法律第104号）、**年金事業運営改善法**：政府管掌年金事業等の運営の改善のための国民年金法等の一部を改正する法律（平成26年法律第64号）、**支援給付金法**：年金生活者支援給付金の支給に関する法律

第1章

今回の年金制度改正の考え方

1 | 改正の背景

- ●公的年金では、年金財政の健全性を確保し、将来にわたって年金の給付水準を確保できるよう、少なくとも5年ごとに年金財政の現況と見通しを検証する「財政検証」を行っています。財政検証では、人口や経済の今後の見通しについてさまざまな前提条件を設定して試算を行います。
- ●少子高齢化の進行を受け、平成16年の年金制度改正において、将来の現役世代の保険料負担が過重なものとならないよう改正が行われました。具体的には、将来の保険料率を固定し、その財源の範囲内で給付水準を自動調整する「マクロ経済スライド」を導入し、給付と負担の均衡を図る財政方式に変わりました。
- ●年金財政においては、次の財政検証までに年金給付水準の指標である所得代替率が50%を下回ると見込まれる場合には、マクロ経済スライドによる給付水準調整の終了などの措置を講じ、給付と負担のあり方について検討を行い、必要な措置を講ずることとなっています。

■2019（令和元）年財政検証結果の概要

　2019（令和元）年の財政検証では、新しい将来推計人口と幅広い経済前提の設定に基づきⅠ～Ⅵの6つのケース（次ページ）で試算を行いました。その結果をふまえて、将来の年金の給付水準を確保するためには、どのような条件が必要かを考察しています。

　この試算によると、経済成長と労働参加が進むケースⅠ・Ⅱ・Ⅲであれば、マクロ経済スライドによる給付水準調整終了時の所得代替率は50%を維持できます。しかし、経済成長と労働参加が一定程度進むがケースⅠ～Ⅲほどは進まないケースⅣ・Ⅴの場合は、それぞれ2044（令和26）年度・2043（令和25）年度に所得代替率が50%まで低下します。この2つのケースでその後も財政バランスがとれるまで機械的に給付水準調整を進めた場合には、所得代替率がケースⅣで2053（令和35）年度に46.5%、ケースⅤで2058（令和40）年度に44.5%となります。そして、経済成長と労働参加が進まないケースⅥでは、2043（令和25）年度に所得代替率が50%に到達し、その後機械的に給付水準調整を続けた場合は2052（令和34）年度に積立金がなくなると試算されています。

　これらの試算により、経済成長と労働参加を促進することが、年金の給付水準を確保するために重要であることが示されました。

用語説明

所得代替率：年金を受け取り始める時点（65歳）での年金額が、現役男子の平均手取り収入額（賞与含む）と比較してどれくらいの割合か、を示すものです。公的年金ではモデル年金と所得代替率を設定し、給付開始時の現役世代の収入と比べてどの程度の年金を受け取れるかというものさしとしています。令和元年財政検証の足下の給付水準となる令和元年度の所得代替率は次のとおりです。
〔13.0万円（夫婦2人の基礎年金）＋9.0万円（夫の厚生年金）〕÷35.7万円（現役男子の平均手取り収入額）＝61.7%（所得代替率）

● 2019（令和元）年財政検証結果（概要）

○経済成長と労働参加が進むケースでは、マクロ経済スライド調整後も所得代替率50％を確保。

○ケースⅠ～ケースⅥの5年後の2024年度の所得代替率の見通しは、60.9％～60.0％となっている。

労働力の前提	経済前提	給付水準調整終了後の標準的な厚生年金の所得代替率	給付水準調整の終了年度	【参考】経済成長率（実質）2029年度以降20～30年
経済成長と労働参加が進むケース*1	ケースⅠ	51.9%	2046（令和28）年度	0.9%
	ケースⅡ	51.6%	2046（令和28）年度	0.6%
	ケースⅢ	50.8%	2047（令和29）年度	0.4%
経済成長と労働参加が一定程度進むケース*2	ケースⅣ	(50.0%)	2044（令和26）年度	0.2%
		46.5%(注1)	2053（令和35）年度	
	ケースⅤ	(50.0%)	2043（令和25）年度	0.0%
		44.5%(注1)	2058（令和40）年度	
経済成長と労働参加が進まないケース*2	ケースⅥ	(50.0%)(注2)	2043（令和25）年度	▲0.5%

＊1　内閣府試算の成長実現ケースに接続　＊2　内閣府試算のベースラインケースに接続
（注1）機械的に給付水準調整を進めた場合。
（注2）機械的に給付水準調整を進めると2052年度に国民年金の積立金がなくなり完全賦課方式に移行。その後、保険料と国庫負担で賄うことができる給付水準は、所得代替率38％～36％程度。
※労働力の前提：「労働力需給の推計」（2019年3月、（独）労働政策研究・研修機構）

○2019（令和元）年財政検証結果の諸前提は次のとおり。

	将来の経済状況の仮定	経済前提				人口の前提（中位）
	全要素生産性（TFP）上昇率	物価上昇率	賃金上昇率（実質〈対物価〉）	運用利回り 実質（対物価）	運用利回り スプレッド（対賃金）	
ケースⅠ	1.3%	2.0%	1.6%	3.0%	1.4%	・合計特殊出生率（2065）1.44 ・平均寿命（2065）男 84.95歳 女 91.35歳
ケースⅡ	1.1%	1.6%	1.4%	2.9%	1.5%	
ケースⅢ	0.9%	1.2%	1.1%	2.8%	1.7%	
ケースⅣ	0.8%	1.1%	1.0%	2.1%	1.1%	
ケースⅤ	0.6%	0.8%	0.8%	2.0%	1.2%	
ケースⅥ	0.3%	0.5%	0.4%	0.8%	0.4%	

※経済の前提：社会保障審議会年金部会「年金財政における経済前提に関する専門委員会」での検討→長期的な経済状況を見通すうえで重要な全要素生産性（TFP）上昇率を軸とした「幅の広い6ケース」（長期の前提のTFP上昇率は、内閣府試算の設定、過去30年の実績、バブル崩壊後の1990年代後半以降の実績の範囲をふまえ設定）
※人口の前提：「日本の将来推計人口」（2017年4月、国立社会保障・人口問題研究所）
※その他の制度の状況等に関する前提：被保険者および年金受給者等の実績データ等を基礎として設定。

■オプション試算の概要

　オプション試算では、「A 被用者保険のさらなる適用拡大」と「B 保険料拠出期間の延長と受給開始時期の選択」が、所得代替率等に与える影響について検証されました。これらの試算の結果、オプション試算Aでは、適用拡大が年金の給付水準を確保するうえでプラスであることが確認されました。オプション試算Bでは、就労期間・加入期間を延ばして保険料拠出期間を延長することや、年金の受給開始時期を繰り下げることが、年金の給付水準の確保に効果が大きいことが確認されました。

●オプション試算Aの内容・被用者保険のさらなる適用拡大

適用拡大① 125万人ベース	被用者保険の適用対象となる現行の企業規模要件を廃止した場合 ・所定労働時間週20時間以上の短時間労働者の中で、一定以上の収入（月8.8万円以上）のある者（125万人）に適用拡大し、短時間労働者の中で適用される者の比率が一定と仮定した場合
適用拡大② 325万人ベース	被用者保険の適用対象となる現行の賃金要件、企業規模要件を廃止した場合 ・対象外となる者を除いて、所定労働時間週20時間以上の短時間労働者全体に適用拡大。学生、雇用契約期間1年未満の者、非適用事業所の雇用者については対象外
適用拡大③ 1,050万人ベース	一定の賃金収入（月5.8万円以上）があるすべての被用者へ適用拡大した場合 ・学生、雇用契約期間1年未満の者、非適用事業所の雇用者についても適用拡大の対象（雇用者の中で月5.8万円未満の者のみ対象外）

※財政検証時点（2018年度）の短時間労働者の適用者数は40万人。

●オプション試算Bの内容・保険料拠出期間の延長と受給開始時期の選択

①基礎年金の拠出期間延長	基礎年金給付算定時の給付年数の上限を現在の40年（20〜60歳）から45年（20〜65歳）に延長し、納付年数が伸びた分に合わせて基礎年金が増額するしくみとした場合
②在職老齢年金の見直し	65歳以上の在職老齢年金のしくみを緩和・廃止した場合
③厚生年金の加入年齢の上限の引き上げ	厚生年金の加入年齢の上限を現行の70歳から75歳に延長した場合
④就労延長と受給開始時期の選択肢の拡大	受給開始可能期間の年齢の上限を現行の70歳から75歳まで拡大した場合、65歳を超えて70歳、75歳まで就労した者が、受給開始時期の繰下げを選択すると給付水準がどれだけ上昇するかを試算
⑤就労延長と受給開始時期の選択肢の拡大（④に①〜③の制度改正を加味）	上記①〜③の制度改正を仮定したうえで、受給開始可能期間の年齢上限を現行の70歳から75歳まで拡大した場合、65歳を超えて70歳、75歳まで就労した者が、受給開始時期の繰下げを選択すると給付水準がどれだけ上昇するかを試算

※上記④、⑤の試算において、70歳以上繰下げ増額率は、現行の繰下げ増額率（1月あたり0.7%）を使用すると仮定。

2 改正の主な内容

●2019（令和元）年の財政検証結果をふまえ、より多くの人がより長く多様な形で働く社会へと変化する中で、長期化する高齢期の経済基盤の充実を図るため、短時間労働者に対する被用者保険の適用拡大、在職中の年金受給のあり方の見直し、受給開始時期の選択肢の拡大、確定拠出年金の加入可能要件の見直し等の措置が講じられることとなりました。

●主な改正事項

	改正事項	施行時期
被用者保険の適用拡大	短時間労働者に対する厚生年金保険等の適用拡大	令和4年10月・令和6年10月
	被用者保険非適用業種の見直し	令和4年10月
	国・地方公共団体等の短時間労働者への適用拡大等	令和4年10月
在職中の年金受給の見直し	65歳未満の在職老齢年金の支給停止基準額の見直し	令和4年4月
	65歳以上の在職老齢年金の定時改定の導入	令和4年4月
受給開始時期の選択肢の拡大	繰下げ受給の上限年齢の引き上げ	令和4年4月
	70歳以降に請求する場合の5年前時点での繰下げ制度の新設	令和5年4月
企業年金・個人年金の見直し	確定拠出年金（DC）の加入可能年齢の引き上げ	令和4年5月
	確定拠出年金（DC）の受給開始の上限を75歳に引き上げ	令和4年4月
	確定給付企業年金（DB）の支給開始を70歳まで拡大	令和2年6月
	中小企業向け制度（簡易型DC・iDeCoプラス）の対象範囲の拡大	公布日から6ヵ月以内の政令で定める日
	企業型DC加入者の個人型DC（iDeCo）加入の要件緩和	令和4年10月
	企業型DCにおけるマッチング拠出とiDeCo加入の選択	令和4年10月
その他の改正事項	国民年金手帳から基礎年金番号通知書への切り替え	令和4年4月
	未婚のひとり親等の申請全額免除基準への追加	令和3年4月
	国民年金保険料納付猶予制度の期間延長	令和2年6月
	脱退一時金制度の見直し	令和3年4月
	年金生活者支援給付金の請求書送付対象者の拡大等	令和2年6月・令和3年8月
	児童扶養手当と障害年金の併給調整の見直し	令和3年3月
	厚生年金保険法における日本年金機構の調査権限の整備	令和2年6月
	年金担保貸付事業の廃止	令和4年4月

第2章

被用者保険の適用拡大

1 短時間労働者に対する厚生年金保険等の適用拡大

▶ 企業規模要件は段階的に51人以上に、
勤務期間要件は2ヵ月超に
▶ 令和4年10月・令和6年10月施行

- 1週の所定労働時間または1月の所定労働日数が通常の労働者の3/4未満の短時間労働者に対する厚生年金保険・健康保険の適用拡大の基準のうち、従業員数「501人」以上の企業規模要件が、令和4年10月から「101人以上」に、令和6年10月から「51人以上」に拡大されます。（改正後機能強化法附則17条12項、46条12項）
- 適用拡大基準のうち、「1年以上」の勤務期間要件が撤廃され、令和4年10月からフルタイム労働者と同様の「2ヵ月超」になります。（改正後厚年法12条1号、改正後健康保険法3条）
- 労働時間要件（週20時間以上）、賃金要件（月額8.8万円以上）、学生除外要件は現状が維持されます。
- 正規・非正規にかかわらず、できるだけ多くの労働者の保障を充実させることが改正のねらいです。

改正前

企業規模要件は501人以上、勤務期間要件は1年超

現在、短時間労働者に対する適用拡大基準は次のとおり定められています（概要）。
①企業規模要件：従業員数（被保険者数）が常時501人以上の企業に勤務している
②勤務期間要件：勤務期間が1年以上見込まれる
③労働時間要件：週の所定労働時間が20時間以上ある
④賃金要件：賃金の月額が8.8万円以上である
⑤学生でない

改正後

企業規模要件は段階的に51人以上に拡大、勤務期間要件は2ヵ月超に

今回の改正により、①企業規模要件と②勤務期間要件が見直されました。

①の企業規模要件は2段階で拡大されます。まず令和4年10月から101人以上の規模の企業まで適用され、令和6年10月から51人以上の規模の企業まで適用が拡大されます。

②の勤務期間要件は、令和4年10月に撤廃され、フルタイム等の被保険者と同様の2ヵ月超の要件が適用されることになります。

●短時間労働者への適用拡大の基準

要件	平成28年10月～	令和4年10月～	令和6年10月～
①企業規模*	501人以上	101人以上	51人以上
②勤務期間	1年以上	撤廃（2ヵ月超）	撤廃（2ヵ月超）
③労働時間	週20時間以上	週20時間以上	週20時間以上
④賃金	月額8.8万円以上	月額8.8万円以上	月額8.8万円以上
⑤学生除外	学生除外	学生除外	学生除外

＊平成28年10月から、国の事業所は規模にかかわらず適用拡大が実施されています。また、平成29年4月から、労使合意のある企業および地方自治体の事業所は規模にかかわらず適用拡大が実施されています。

改正でこう変わる！ 短時間労働者の厚生年金保険等の適用拡大

　現在の制度では、1週の所定労働時間および1月の所定労働日数が、同一の事業所に使用される通常の労働者の所定労働時間および所定労働日数の3/4以上である短時間労働者は、厚生年金保険・健康保険の被保険者となります（3/4基準といいます）。この3/4の基準を満たさない場合でも、下図A①〜⑤の要件を満たす短時間労働者については、厚生年金保険・健康保険の被保険者となります。

　改正によりこれらの要件が見直され、厚生年金保険・健康保険の加入対象となる労働者の範囲が広がります。

改正前：令和4年9月まで

A

①従業員数 501人以上 の企業に勤務

②勤務期間の見込みが 1年以上

③1週あたりの労働時間が20時間以上

④賃金月額8.8万円以上

⑤学生（夜間、通信、定時制以外）でない

→ 厚生年金保険・健康保険の加入対象になる

改正後：令和4年10月から

B

①従業員数 101人以上 の企業に勤務

②勤務期間の見込みが 2ヵ月超

③1週あたりの労働時間が20時間以上

④賃金月額8.8万円以上

⑤学生（夜間、通信、定時制以外）でない

→ 厚生年金保険・健康保険の加入対象になる

改正後：令和6年10月から

C

①従業員数 51人以上 の企業に勤務

②勤務期間の見込みが 2ヵ月超

③1週あたりの労働時間が20時間以上

④賃金月額8.8万円以上

⑤学生（夜間、通信、定時制以外）でない

→ 厚生年金保険・健康保険の加入対象になる

※勤務先の会社において労使合意がある場合は企業規模にかかわらず、上記②〜⑤の要件をすべて満たす人は厚生年金保険・健康保険の加入対象になります。

用語説明

3/4基準：1週の所定労働時間、1月の所定労働日数が同一事業所の通常の労働者の3/4以上であるかどうかについては、就業規則や雇用契約書等で定められた所定労働時間および所定労働日数に即して判断されます。

短時間労働者への適用拡大の基本事項

➡企業規模要件の従業員数

　企業規模要件の「従業員数」は、適用拡大以前の通常の被保険者の人数で判断し、それ以外の短時間労働者を含みません。月ごとに従業員数をカウントし、直近12ヵ月のうち6ヵ月で基準を上回った場合に適用対象となります。従業員数については、法人の場合は同一の法人番号を有する全事業所の人数、個人事業所の場合は、適用事業所ごとの人数となります。

　企業規模要件の適用対象事業所になると、その後従業員数が基準を下回っても引き続き適用対象となります。ただし、被保険者の3/4以上の同意があれば対象外となることができます。

➡勤務期間要件「1年以上」の撤廃

　勤務期間要件「1年以上」は撤廃され、フルタイム労働者と同様の2ヵ月超の要件が適用されることになりました。

　この改正に伴い、2ヵ月を超えて雇用が見込まれるケースについて、雇用の実態に即した被用者保険の適切な適用を図る観点から見直しが行われます。

　改正後は、雇用契約の期間が2ヵ月以内であっ

> ①就業規則、雇用契約書等において、その契約が「更新される旨」または「更新される場合がある旨」が明示されている場合。
> ②同一の事業所において、同様の雇用契約に基づき雇用されている者が更新等により最初の雇用契約の期間を超えて雇用された実績がある場合。

ても、実態としてその雇用契約の期間を超えて勤務する見込みがあると判断できる（上表のいずれかにあてはまる）場合は、最初の雇用期間を含めて当初から被用者保険の適用対象とされます。**(改正後厚年法12条1項)**

　ただし、①②いずれかに該当する場合であっても、労使双方により、最初の雇用期間を超えて雇用しないことを合意しているときは、雇用契約の期間を超えることが見込まれないこととして取り扱われます。

●2ヵ月間の雇用契約を結んだ場合

改正前		改正後
1ヵ月 ▼	2ヵ月 ▼	2ヵ月 ▼
国民健康保険・国民年金（第1号・第3号被保険者）	健康保険・厚生年金保険	健康保険・厚生年金保険

➡労働時間要件「週20時間以上」とは

　週20時間の判定は、基本的に契約上の所定労働時間によって行います。臨時に生じた残業等は含みません。

➡賃金要件「月額8.8万円以上」とは

　賃金月額が8.8万円であるかどうかの判定は、基本給および諸手当によって行います。ただし、残業代や賞与・臨時的な賃金等は含みません。右表のものは算入されません。

> ①臨時に支払われる結婚手当等の賃金
> ②1月を超える期間ごとに支払われる賞与等の賃金
> ③時間外や休日、深夜の割増賃金等
> ④最低賃金において算入しないことを定める精勤手当や家族手当、通勤手当

➡被扶養認定基準と被用者保険適用基準

被用者保険適用基準である賃金要件8.8万円（年収のめやす106万円）については、雇用契約時点の賃金で判断されます。このため、被扶養認定基準の「130万円の壁」のように、年末に年収を抑える調整が行われる問題は生じないことになります。

年収が130万円未満であっても、被用者保険の適用基準をすべて満たした場合は被扶養者とはならず、自身で厚生年金保険・健康保険に加入することになります。

【被扶養認定基準（年収130万円未満）】

●判断方法

社会保険の被扶養者（第3号被保険者）となるかどうかは、毎年、前年度の所得証明書に基づき全収入ベースで判断されます。事後的判断となるため、年末に年収を抑える調整が行われる可能性があります。

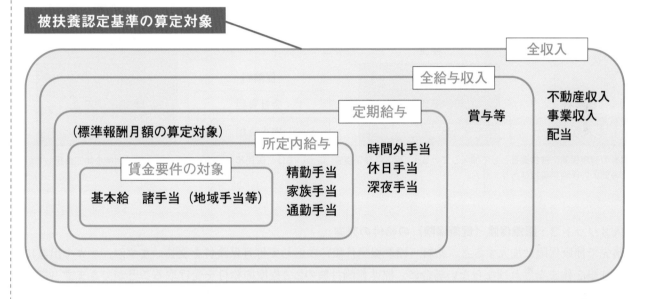

【被用者保険適用基準（年収106万円未満）】

●判断方法

被用者保険適用基準では、雇用契約を結んだ時点で、基本給・諸手当が月額8.8万円以上（年収のめやす106万円以上）かどうかで判断されます。このため、契約時点で事前に適用・不適用が決まります。

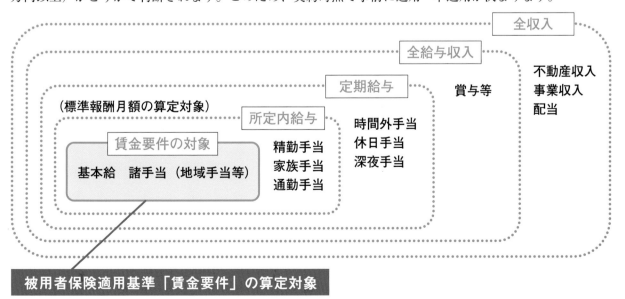

➡厚生年金保険・健康保険に加入するメリット

○加入メリット1・保険料は労使で折半負担

厚生年金保険・健康保険に加入すると、会社も被保険者本人のために同じ額の保険料を支払います。つまり被保険者自身が支払った保険料の2倍の額が支払われていることになり、それが将来の厚生年金額に反映されます。

○加入メリット2・老齢年金の受給額アップ

全国民共通の国民年金だけでなく厚生年金保険にも加入すると、老齢基礎年金（国民年金）に加えて、報酬比例の老齢厚生年金が終身支給されます。

●保険料負担と受け取る年金（イメージ）

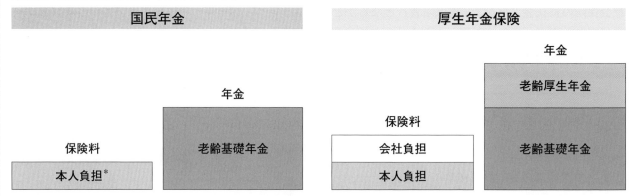

＊配偶者の健康保険に被扶養者として加入している人（第3号被保険者）については、国民年金保険料を厚生年金保険制度全体で負担しているため個人の保険料負担はありません。

○加入メリット3・医療保険（健康保険）の給付の充実

勤務先で健康保険に加入すると、給料（標準報酬月額）に応じて毎月保険料を支払いますが、ケガや出産によって仕事を休まなければならない場合に、標準報酬月額の2/3程度の給付を受け取ることができます（傷病手当金、出産手当金）。

○加入メリット4・障害厚生年金・遺族厚生年金の支給

厚生年金保険に加入中に万一障害がある状態になった場合は、障害厚生年金が支給されます。また、万一死亡した場合は、遺族に遺族厚生年金が支給されます。

事例解説

適用拡大で厚生年金保険・健康保険に加入したら負担と給付はどう変わる？

> サラリーマン家庭の主婦（40歳）です。適用拡大で令和4年10月から社会保険に加入する予定です。その後、月収8.8万円で10年間、いまの会社で働き続けた場合、保険料や将来受ける年金はどうなりますか。

Mさん　昭和55年6月1日生まれ、女性。東京都在住。
現在は会社勤めの夫に扶養されており、健康保険の被扶養者となっている。20歳から国民年金に加入（結婚後は第3号被保険者として加入）。令和4年10月から社会保険適用の要件を満たし、厚生年金保険・健康保険に10年間加入予定。標準報酬月額は8.8万円、賞与なし。退職後は60歳になるまで国民年金に加入。

年金保険料の負担と受けられる年金

　Mさんは現在、夫の被扶養者であるため第3号被保険者として国民年金に加入しており、国民年金の保険料負担はありません。令和4年10月から厚生年金保険に加入した場合、月々の保険料負担は下表のようになります（概算）。Mさんが標準報酬月額8.8万円で10年間、厚生年金保険に加入した場合、65歳から全国民共通の老齢基礎年金に加えて老齢厚生年金（月額約4,800円）を終身受けることができます。

●Mさんの厚生年金保険料（標準報酬月額8.8万円の場合）*

会社負担	本人負担	計
8,100円	8,100円	16,200円

＊保険料率は18.3％を会社と本人で折半。

●Mさんの年金保険料と年金額（イメージ）

現在（国民年金）	適用拡大後（厚生年金保険）

現在（国民年金）

年金：終身支給

保険料
本人負担なし

老齢基礎年金
65,100円

適用拡大後（厚生年金保険）

保険料：10年支払い

会社負担	8,100円
本人負担	8,100円

年金：終身支給

老齢厚生年金
4,800円

老齢基礎年金
65,100円

健康保険料の負担と受けられる給付

　Mさんは現在、夫の健康保険の被扶養者になっているため健康保険料の負担はありません。夫の健康保険から医療費の給付を受けています。自身で健康保険に加入した場合、月々の保険料負担は下表のとおりとなります（概算）。医療費の給付のほかに傷病手当金等（→P12）の給付が受けられるようになります。

●Mさんの健康保険料（標準報酬月額8.8万円の場合）*

会社負担	本人負担	計
5,100円	5,100円	10,200円

＊保険料率は11.66％を会社と本人で折半と仮定。

※保険料率は令和2年度の率。保険料額は50円以上は切り上げ、50円未満は切り捨てて表記しています。
※年金額は令和2年度の額。50円以上は切り上げ、50円未満は切り捨てて表記しています。

2 被用者保険非適用業種の見直し

▶ 法律・会計を取り扱う「士業」の事業も適用業種に ▶ 令和4年10月施行

- ●現在の制度では、弁護士・税理士・社会保険労務士など法律・会計を取り扱う「士業」については被用者保険の非適用業種とされています。
- ●改正により、これら10の士業が被用者保険の適用業種に追加され、従業員が5人以上の事業所であれば個人の事業所であっても、被用者保険の適用事業所となります。（改正後厚年法6条1項1号、改正後健康保険法3条3項）

改正前

弁護士・税理士・社会保険労務士など法律・会計を取り扱う「士業」は被用者保険の非適用業種

株式会社などの法人の事業所は厚生年金保険・健康保険の適用事業所となることが義務づけられています。また、従業員が常時5人以上いる個人の事業所についても、農林業、サービス業などの業種（非適用業種）を除いて適用事業所となります。

現在の制度では、弁護士・税理士・社会保険労務士など法律または会計に係る業務を行ういわゆる「士業」は非適用業種とされ、これらの事業の個人事業所は、従業員が5人以上であっても被用者保険の適用外となっています。

改正後

法律・会計を取り扱う10の士業も被用者保険の適用業種に追加

改正により、10の士業（下表）が適用業種に追加され、これらの事業所であって、常時5人以上の従業員を使用する事業所（または事務所）は、個人の事業所であっても厚生年金保険・健康保険の適用事業所となります。

士業においては、他の業種と比べて法人割合が著しく低いこと、また法律・会計の行政手続等を扱う業種であり、一般的に被用者保険適用の事務処理能力等の面からの支障はないと考えられることなどがその理由です。

改正でこう変わる！ 新たに被用者保険の適用業種となる10の士業

これまでの被用者保険の適用業種16種に、新たに「弁護士、公認会計士その他政令で定める者が法令の規定に基づき行うこととされている法律または会計に係る業務を行う事業」が加えられました。適用業種となる士業は下表の10の士業です。

弁護士	税理士
司法書士	社会保険労務士
行政書士	弁理士
土地家屋調査士	公証人
公認会計士	海事代理士

被用者保険の適用事業所の基本事項

■強制適用事業所と任意適用事業所

　被用者保険の適用を受ける事業所を適用事業所といい、法律で加入が義務づけられている強制適用事業所と、任意で加入する任意適用事業所があります。

〇強制適用事業所

　強制適用事業所とは、常時1名以上の従業員を使用する国、地方公共団体または法人の事業所です。また、常時5名以上の従業員を使用する個人の事業所で、厚生年金保険法および健康保険法に定められた右表の業種（適用業種）の事業所も適用事業所となります。

〇任意適用事業所

　任意適用事業所とは、上記以外の事業所であって、厚生労働大臣の認可を受けて適用事業所となった事業所です。従業員の半数以上が適用事業所になることに同意し、事業主が申請して厚生労働大臣の認可を受けると適用事業所となることができます。

　また、従業員の3/4以上の同意があった場合には、事業主が申請して厚生労働大臣の認可を受け適用事業所でなくすることができます。

●被用者保険の適用業種（改正後）
①物の製造、加工、選別、包装、修理または解体の事業
②土木、建築その他工作物の建設、改造、保存、修理、変更、破壊、解体またはその準備の事業
③鉱物の採掘または採取の事業
④電気または動力の発生、伝導または供給の事業
⑤貨物または旅客の運送の事業
⑥貨物積卸しの事業
⑦焼却、清掃またはと殺の事業
⑧物の販売または配給の事業
⑨金融または保険の事業
⑩物の保管または賃貸の事業
⑪媒介周旋の事業
⑫集金、案内または広告の事業
⑬教育、研究または調査の事業
⑭疾病の治療、助産その他医療の事業
⑮通信または報道の事業
⑯社会福祉法に定める更生保護事業
⑰弁護士、公認会計士その他政令で定める者が法令の規定に基づき行うこととされている法律または会計に係る業務を行う事業

●強制適用事業所と任意適用事業所

	法人の事業所 国・地方公共団体の事業所	個人の事業所	
		常時5人以上の従業員を使用する事業所	5人未満の事業所
適用業種	強制適用	強制適用	強制適用外 （任意適用の対象）
非適用業種 （上記以外の業種）	強制適用	強制適用外 （任意適用の対象）	強制適用外 （任意適用の対象）

3 国・地方公共団体等の短時間労働者への適用拡大等

▶ 公務員共済の短期給付を適用　　　　　　　　　　　　**令和4年10月施行**

- 国・地方公共団体等の事業所においては、すでに事業所の規模にかかわらず、短時間労働者への適用拡大が実施されています。
- 適用拡大基準のうち、「1年以上」の勤務期間要件が撤廃され、フルタイム労働者と同様の「2ヵ月超」になります。
- 労働時間要件（週20時間以上）、賃金要件（月額8.8万円以上）、学生除外要件は現状が維持されます。
- 国・地方公共団体等の事業所に勤務する短時間労働者について、共済組合の短期給付（医療保険）が適用されることとなります。

（改正後国共済法2条1項1号、72条、125条、同法附則20条の2・1項、20条の6・1項、改正後地共済法2条1項1号、74条、141条から142条まで）

改正前

短時間労働者は協会けんぽの保険給付の対象

国・地方公共団体等の短時間労働者に対する適用拡大基準は次のとおり定められています（概要）。

①勤務期間要件：勤務期間が1年以上見込まれる
②労働時間要件：週の所定労働時間が20時間以上ある
③賃金要件：賃金の月額が8.8万円以上である
④学生でない

また、国・地方公共団体等の医療保険適用においては、フルタイム労働者は共済組合の保険給付、福祉事業の対象となっていますが、短時間労働者は協会けんぽの保険給付、保健・福祉事業の対象となっています。

改正後

短時間労働者も共済組合の短期給付の適用対象に

改正により、①勤務期間要件が見直されました。勤務期間要件は撤廃され、フルタイム等労働者と同様の2ヵ月超の要件が適用されることになります。

また、国家公務員共済組合・地方公務員共済組合の事業所に勤務する短時間労働者にはフルタイム労働者と同様に共済組合の短期給付が適用され、医療保険給付の差異が解消されます（適用となる短時間労働者の範囲は政令または省令で定められます）。

● 国・地方公共団体等の短時間労働者への適用拡大の基準

要件	～令和4年9月	令和4年10月～
勤務期間	1年以上	撤廃（2ヵ月超）
労働時間	週20時間以上	週20時間以上
賃金	月額8.8万円以上	月額8.8万円以上
学生除外	学生除外	学生除外

改正でこう変わる！ 国・地方公共団体等の短時間労働者への適用拡大

　現在の制度では、1週の所定労働時間および1月の所定労働日数が、同一の事業所に雇用される通常の労働者の所定労働時間および所定労働日数の3/4以上である短時間労働者は、厚生年金保険・健康保険の被保険者となります（3/4基準といいます）。この3/4の基準を満たさない場合でも、下図A①〜④の要件を満たす短時間労働者については、事業所の規模にかかわらず、厚生年金保険・健康保険の被保険者となります。改正によりこれらの要件が見直され、厚生年金保険・健康保険の加入対象となる労働者の範囲が広がります。

　また、現在は医療保険については、短時間労働者は協会けんぽの適用対象となっていますが、改正後は共済組合の短期給付が適用されることになります。なお、改正後は短期給付の標準報酬の等級に下限1等級が追加され、厚生年金保険および健康保険の標準報酬月額等級と同じになります。（改正後国共済法40条、改正後地共済法43条、改正後私学共済法22条2項）

改正前：令和4年9月まで

A

①勤務期間の見込みが1年以上

②1週あたりの労働時間が20時間以上

③賃金月額8.8万円以上

④学生（夜間、通信、定時制以外）でない

→ 厚生年金保険・健康保険（協会けんぽ）の加入対象になる

改正後：令和4年10月から

B

①勤務期間の見込みが2ヵ月超

②1週あたりの労働時間が20時間以上

③賃金月額8.8万円以上

④学生（夜間、通信、定時制以外）でない

→ 厚生年金保険・健康保険（共済組合の短期給付）の加入対象になる

第3章

在職中の年金受給の見直し

1 在職老齢年金の支給停止基準額の見直し（65歳未満の厚生年金）

▶ 支給停止とならない範囲を47万円に拡大　　　▶ 令和4年4月施行

- ●現在の制度では、60歳以上65歳未満で在職中（厚生年金保険に加入）の場合、総報酬月額相当額（賞与込み月収）と年金月額（加給年金額を除く）の合計が28万円を超えると、年金の一部または全額が支給停止されます（在職老齢年金）。
- ●改正後は、停止基準額の「28万円」が、現行の65歳以上の在職老齢年金と同じ「47万円」に引き上げられます。*（改正後厚年法附則11条）
- ●①現行の「28万円」が就労に一定程度影響を与えている、②令和12年度まで支給開始年齢の引き上げが続く女性の就労を支援する、③制度をわかりやすくする、といった観点から停止基準を緩和し、支給停止とならない範囲を拡大することとされました。

＊支給停止基準額28万円、47万円は令和2年度の額です。基準額は物価と賃金に応じて毎年度見直されます。

改正前

総報酬月額相当額と年金月額の合計が28万円を超えた場合に年金額を調整

現在のしくみでは、60歳以上65歳未満で特別支給の老齢厚生年金を受けられる人が在職中（厚生年金保険に加入）の場合、総報酬月額相当額と年金月額（加給年金額を除く）の合計が28万円を超えると、年金の支給調整が行われます。一方、65歳以上の人の、支給停止基準額は47万円で、停止基準が60歳台前半の人よりも緩やかになっています。

改正後

総報酬月額相当額と年金月額の合計が47万円を超えた場合に年金額を調整

改正後のしくみでは、60歳以上65歳未満の人の在職老齢年金の支給停止基準額「28万円」を65歳以上の人と同じ「47万円」に引き上げ、支給停止とならない範囲を拡大します。65歳以上の人の支給停止基準額は、47万円のままです。

高齢期の就労と年金の調整については、年金制度だけでなく、税制での対応や各種社会保険制度における保険料負担との関係も含め、引き続き検討されることになっています。

●支給停止基準額28万円が47万円になった場合のイメージ図（年金月額は10万円と仮定）

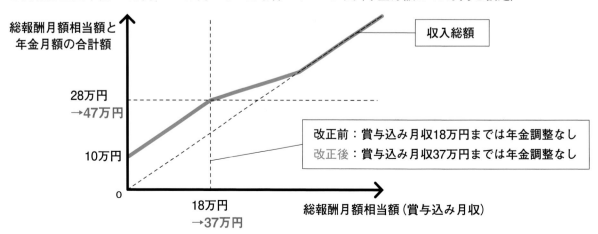

改正でこう変わる！ 在職中の年金額の調整

改正前：令和4年3月まで

●支給停止基準額は28万円

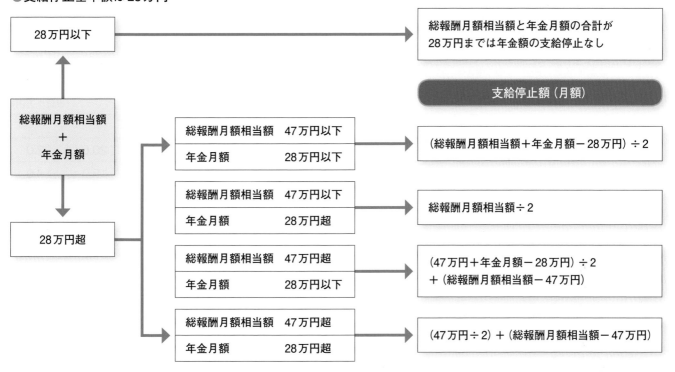

| 28万円以下 | → | 総報酬月額相当額と年金月額の合計が
28万円までは年金額の支給停止なし |

支給停止額（月額）

総報酬月額相当額 47万円以下 年金月額 28万円以下	→	（総報酬月額相当額＋年金月額−28万円）÷2
総報酬月額相当額 47万円以下 年金月額 28万円超	→	総報酬月額相当額÷2
総報酬月額相当額 47万円超 年金月額 28万円以下	→	（47万円＋年金月額−28万円）÷2 ＋（総報酬月額相当額−47万円）
総報酬月額相当額 47万円超 年金月額 28万円超	→	（47万円÷2）＋（総報酬月額相当額−47万円）

総報酬月額相当額＋年金月額 → 28万円超

改正後：令和4年4月から

●支給停止基準額は47万円

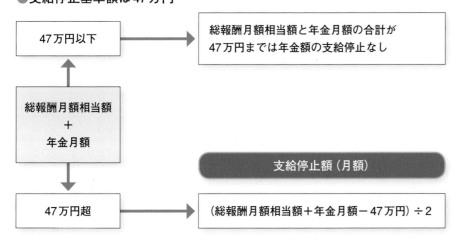

| 47万円以下 | → | 総報酬月額相当額と年金月額の合計が
47万円までは年金額の支給停止なし |

支給停止額（月額）

| 47万円超 | → | （総報酬月額相当額＋年金月額−47万円）÷2 |

用語解説

総報酬月額相当額：標準報酬月額＋直近1年間の標準賞与額の合計額÷12

　標準報酬月額は被保険者の毎月の給料などの報酬の月額を区切りのよい幅で区分したもの、標準賞与額は税引き前の賞与総額から1,000円未満を切り捨てた額です。標準報酬の対象となる報酬は、基本給のほか、役付手当、通勤手当、残業手当等も含まれ、労働の対償として現金または現物で支給されるものを指します。なお、年4回以上支給される賞与も対象となる報酬に含まれます。

年金月額：老齢厚生年金額÷12

　老齢厚生年金額は、毎年4月に物価や賃金の変動およびマクロ経済スライドを反映して改定されます。

改正でこう変わる！ 在職老齢年金の受給額

　60歳以上65歳未満で在職中（厚生年金保険加入）の場合、前ページのように年金の支給調整が行われます。下表は、支給停止額の計算式に総報酬月額相当額と年金月額をあてはめて計算し、受給できる年金額（月額）を一覧表にしたものです。

●60歳～64歳の在職老齢年金受給額早見表

改正前：令和4年3月まで

（単位：万円）

		年金月額									
		4.0	6.0	8.0	10.0	12.0	14.0	16.0	18.0	20.0	22.0
総報酬月額相当額	22.0	4.0	6.0	7.0	8.0	9.0	10.0	11.0	12.0	13.0	14.0
	25.0	3.5	4.5	5.5	6.5	7.5	8.5	9.5	10.5	11.5	12.5
	28.0	2.0	3.0	4.0	5.0	6.0	7.0	8.0	9.0	10.0	11.0
	31.0	0.5	1.5	2.5	3.5	4.5	5.5	6.5	7.5	8.5	9.5
	34.0	0.0	0.0	1.0	2.0	3.0	4.0	5.0	6.0	7.0	8.0
	37.0	0.0	0.0	0.0	0.5	1.5	2.5	3.5	4.5	5.5	6.5
	40.0	0.0	0.0	0.0	0.0	0.0	1.0	2.0	3.0	4.0	5.0
	43.0	0.0	0.0	0.0	0.0	0.0	0.0	0.5	1.5	2.5	3.5

　■ 全額受給できます　　□ 一部受給できます　　□ 全額支給停止されます

改正後：令和4年4月から

（単位：万円）

		年金月額									
		4.0	6.0	8.0	10.0	12.0	14.0	16.0	18.0	20.0	22.0
総報酬月額相当額	22.0	4.0	6.0	8.0	10.0	12.0	14.0	16.0	18.0	20.0	22.0
	25.0	4.0	6.0	8.0	10.0	12.0	14.0	16.0	18.0	20.0	22.0
	28.0	4.0	6.0	8.0	10.0	12.0	14.0	16.0	18.0	19.5	20.5
	31.0	4.0	6.0	8.0	10.0	12.0	14.0	16.0	17.0	18.0	19.0
	34.0	4.0	6.0	8.0	10.0	12.0	13.5	14.5	15.5	16.5	17.5
	37.0	4.0	6.0	8.0	10.0	11.0	12.0	13.0	14.0	15.0	16.0
	40.0	4.0	6.0	7.5	8.5	9.5	10.5	11.5	12.5	13.5	14.5
	43.0	4.0	5.0	6.0	7.0	8.0	9.0	10.0	11.0	12.0	13.0

　■ 全額受給できます　　□ 一部受給できます

60歳以上65歳未満の在職老齢年金の基本的なしくみ

➡支給停止額は月ごとに算定される

支給停止額は月ごとに計算されますので、給与改定や賞与支給などにより、計算のベースとなる総報酬月額相当額が増減した場合や年金額が改定された場合は、支給停止額も変わることがあります。総報酬月額相当額は、その月の標準報酬月額とその月以前1年間の賞与等の総額の合計を12で除した額ですので、直近1年間に支払いを受けた賞与総額が変わると支給停止額も変わります。

➡厚生年金と共済組合の期間がある場合

厚生年金と共済組合など複数の制度の被保険者期間があり、複数の年金が受給できる場合は、それぞれの年金額に応じて支給停止額が按分されます。

➡雇用保険から高年齢雇用継続給付を受ける場合

雇用保険から高年齢雇用継続給付を受ける場合は、在職老齢年金のしくみに加えて老齢厚生年金の額がさらに調整されます。高年齢雇用継続給付とは、60歳到達時に比べて75%未満に賃金が下がったときに雇用保険から受けられる給付です。高年齢雇用継続給付を受けたときの年金の支給停止額は下表のように計算されます。

●高年齢雇用継続給付を受給したときの年金の支給停止額

	停止率	支給停止額
1	標準報酬月額が60歳到達時の賃金の61%未満のとき	標準報酬月額×6/100
2	標準報酬月額が60歳到達時の賃金の61%以上75%未満のとき	標準報酬月額（右表）×停止率
3	標準報酬月額と高年齢雇用継続給付との合計額が支給限度額*を超えるとき	支給限度額*－標準報酬月額×6/15

＊支給限度額は年1回8月に見直されます。

●年金停止率早見表

標準報酬月額割合	停止率	標準報酬月額割合	停止率
75	0.00	67	3.12
74	0.35	66	3.56
73	0.72	65	4.02
72	1.09	64	4.49
71	1.47	63	4.98
70	1.87	62	5.48
69	2.27	61以下	6.00
68	2.69		

➡繰上げ受給と在職老齢年金

在職中（厚生年金保険に加入中）に年金の繰上げ受給をする場合は、繰上げ受給の老齢厚生年金のみが在職による支給調整の対象となり、繰上げ受給の老齢基礎年金は調整の対象となりません。

➡加給年金額が加算されている場合

在職老齢年金の支給調整は加給年金額を除いた報酬比例部分の年金額に基づいて行われます。

本体部分の厚生年金が一部でも支給されている間は加給年金額が全額支給され、本体部分の年金が在職による調整で全額支給停止となったときには加給年金額も支給停止となります（加給年金額とは→27ページ参照）。

➡退職して雇用保険の失業給付を受けると年金は支給停止

60歳以上65歳未満で老齢厚生年金を受けられる人が雇用保険の失業給付（基本手当）を受けられる間は、老齢厚生年金が支給停止されます。年金と基本手当の両方を同時に受けることはできません。

事例解説

もうすぐ年金受給。改正前後で年金の受給額はどう変わる?

現在60歳で、定年後も同じ会社で継続雇用されています。61歳から年金受給が始まりますが、私の在職老齢年金はどうなりますか。

Aさん

昭和35年2月10日生まれ、女性。
標準報酬月額30万円、賞与なし（総報酬月額相当額30万円）
61歳から特別支給の老齢厚生年金（報酬比例部分）受給：96万円（月額8万円）
（夫は61歳、在職中で65歳まで就労予定。子どもは独立しており扶養外）

改正前の在職老齢年金の適用

Aさんが61歳になると、在職老齢年金のしくみにより、年金額が調整されます。改正実施は令和4年4月なので、Aさんが61歳で年金受給を開始する令和3年3月から令和4年3月までは、改正前の在職老齢年金のしくみが適用されます。

●61歳0ヵ月〜62歳1ヵ月

総報酬月額相当額（30万円）＋年金月額（8万円）＝38万円

支給停止額＝（30万円＋8万円－28万円）÷2＝5万円

Aさんが受けられる年金＝8万円－5万円＝3万円

改正後の在職老齢年金の適用

令和4年4月からは改正後の在職老齢年金のしくみにより、年金額が調整されます。Aさんの場合、62歳2ヵ月以降は改正後のしくみが適用され、65歳になるまでの年金額は次のようになります。

●62歳2ヵ月〜64歳11ヵ月

総報酬月額相当額（30万円）＋年金月額（8万円）＝38万円

47万円を超えていないので、<u>年金は支給停止されず全額8万円が受けられます。</u>

●Aさんの在職老齢年金のイメージ（61歳〜64歳）

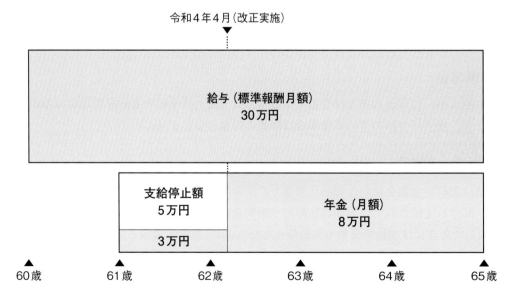

働き続けた場合、退職して失業給付を受けた場合、それぞれ年金はどうなる?

現在62歳で在職中です。63歳から年金受給が始まりますが働き続けた場合、在職老齢年金はどうなりますか。また、仮に年金受給と同時に退職して失業給付を受けた場合はどうなりますか。

Kさん

昭和33年5月10日生まれ、男性。
標準報酬月額32万円、賞与なし（総報酬月額相当額32万円）
63歳から特別支給の老齢厚生年金（報酬比例部分）受給：120万円（月額10万円）
（妻は61歳、在職中で65歳まで就労予定。子どもは独立しており扶養外）

63歳以降も在職した場合

Kさんは63歳から老齢厚生年金を受給することができますが、在職老齢年金のしくみにより、年金額が調整されます。改正実施は令和4年4月なので、63歳で年金受給を開始する令和3年6月から令和4年3月までは、改正前の在職老齢年金のしくみが適用されます。

●63歳0ヵ月〜63歳10ヵ月

総報酬月額相当額（32万円）＋年金月額（10万円）＝42万円

支給停止額＝（32万円＋10万円−28万円）÷2＝7万円

Kさんが受けられる年金＝10万円−7万円＝3万円

令和4年4月からは改正後の在職老齢年金のしくみにより、年金額が調整されます。Kさんの場合、63歳11ヵ月以降は改正後のしくみが適用され、65歳になるまでの年金額は次のようになります。

●63歳11ヵ月〜64歳11ヵ月

総報酬月額相当額（32万円）＋年金月額（10万円）＝42万円

47万円を超えていないので、**年金は支給停止されず全額10万円が受けられます。**

63歳で退職し、雇用保険の失業給付を受けた場合

63歳で退職し、雇用保険の失業給付（基本手当）を受ける場合は、老齢厚生年金が全額支給停止されます。

老齢厚生年金が支給停止されるのは、ハローワークで求職の申し込みを行った月の翌月から、失業給付の基本手当の受給期間（または所定給付日数）が経過した月までの期間です。基本手当は次のように計算され、4週に1回支給されます。

基本手当日額＝賃金日額×賃金日額に応じた率

※賃金日額は、退職した日の直前6ヵ月間に支払われた税込賃金（賞与等を除く）を180で割った額です。賃金日額・基本手当日額にはそれぞれ上限が設けられています。

●基本手当の所定給付日数（60歳以上65歳未満）

被保険者期間	20年以上	10年以上 20年未満	5年以上 10年未満	1年以上 5年未満	1年未満
定年退職・自己都合等による退職	150日	120日	90日		—
解雇・倒産等による退職*	240日	210日	180日	150日	90日

*退職日が平成21.3.31〜令和4.3.31である有期契約労働者の労働契約が更新されなかったことなどによる退職の場合を含みます。また、雇用情勢が悪い地域に居住する人については平成29.4.1から5年間、所定給付日数が60日延長されます。

2 在職時定時改定の導入 (65歳以上の厚生年金)

▶ 就労の効果を1年ごとに年金額に反映　　　　　　　　　**令和4年4月施行**

- ●現在の制度では、65歳以上で在職中（厚生年金加入）の老齢厚生年金受給者は、資格喪失時（退職時・70歳到達時）に65歳以降の厚生年金加入期間を加えて、年金額が改定されます（退職時改定）。
- ●改正後は、資格喪失を待たずに1年に1回、それまでの加入期間を反映して年金額が改定されます。（改正後厚年法43条）
- ●高齢期の就労が拡大するなか、就労を継続したことの効果を早期に年金額に反映させることで、在職受給権者の経済基盤の充実を図ることが改正のねらいです。

改正前

65歳以降の厚生年金加入期間分は 退職時の改定で年金額に反映

　現在のしくみでは、65歳以降も厚生年金保険に加入して働いた場合、その後退職して厚生年金保険の被保険者資格を喪失したときに、65歳以降の在職期間とその間の標準報酬額を含めて年金額が再計算されます。また、在職中に70歳になった場合も、厚生年金保険の被保険者資格を喪失しますので、同様に年金額が再計算されます。

　年金額の改定が行われるのは、退職または70歳到達の翌月分の年金からとなっています。

改正後

在職中でも毎年1回、 年金額を定時改定

　改正後のしくみでは、65歳以降、厚生年金保険に加入して働き続けた場合は、毎年定時に年金額の改定が行われるようになります。

　具体的には、年1回、9月1日を基準日として直近1年間＊の標準報酬額を反映して年金額が計算し直され、10月分から改定された年金額が支給されます。

　在職中に70歳になり厚生年金保険の被保険者資格を喪失した場合は、次の基準日（9月1日）を待たず、年金額が再計算されます。

＊65歳になって1年以内の場合は65歳到達からの期間で計算します。

●改正後の定時改定のイメージ（就労効果の年金額への反映）

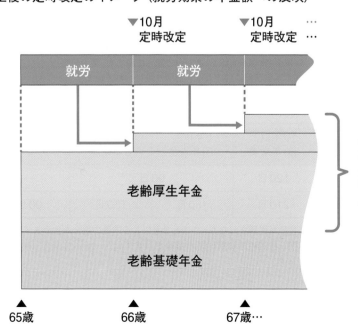

老齢厚生年金：65歳以降の就労（厚生年金保険加入）を反映して毎年1回改定（増額）

改正でこう変わる！ 65歳以降の在職老齢年金改定のイメージ

〈70歳まで就労を継続したケース〉

改正前：令和4年3月まで

● 退職するまでは就労の効果が年金額に反映されない

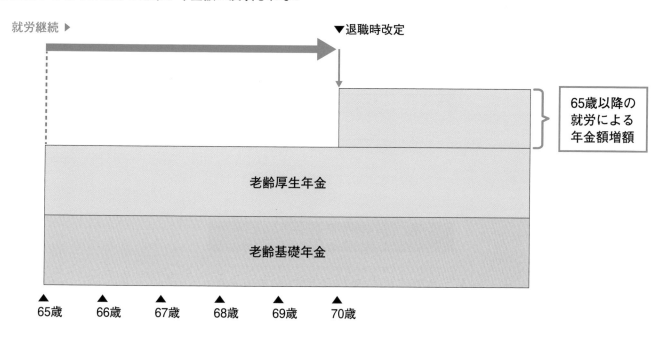

改正後：令和4年4月から

● 年1回の定時改定で就労の効果を年金額に反映

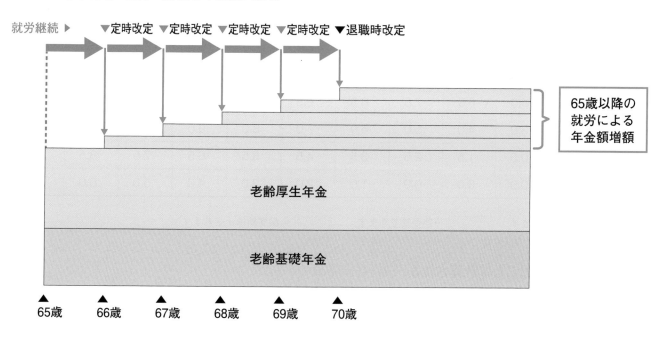

65歳以降の在職老齢年金の基本的なしくみ

65歳以上で在職中（厚生年金保険加入）の場合、老齢厚生年金が支給調整の対象となり、総報酬月額相当額と年金月額（加給年金額を除く）の合計が47万円*を超えると、超えた額の1/2の額の年金が支給停止されます。老齢基礎年金は在職による調整の対象外で、全額支給されます。

＊支給停止基準額47万円は令和2年度の額です。基準額は物価と賃金に応じて毎年度見直されます。

●65歳以上の年金額の調整

総報酬月額相当額＋年金月額

↑ 47万円以下 → 総報酬月額相当額と年金月額の合計が47万円までは年金額の支給停止なし

↓ 47万円超 → 支給停止額（月額）：（総報酬月額相当額＋年金月額－47万円）÷2

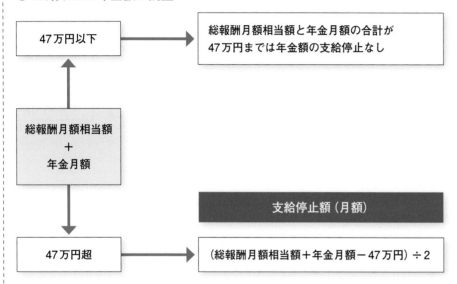

下表は上記の支給停止額の計算式に総報酬月額相当額と年金月額をあてはめて計算し、受給できる年金額（月額）を一覧表にしたものです。

●65歳以上の在職老齢年金　受給額早見表

（単位：万円）

		年金月額									
		4.0	6.0	8.0	10.0	12.0	14.0	16.0	18.0	20.0	22.0
総報酬月額相当額	30.0	4.0	6.0	8.0	10.0	12.0	14.0	16.0	17.5	18.5	19.5
	35.0	4.0	6.0	8.0	10.0	12.0	13.0	14.0	15.0	16.0	17.0
	40.0	4.0	6.0	7.5	8.5	9.5	10.5	11.5	12.5	13.5	14.5
	45.0	3.0	4.0	5.0	6.0	7.0	8.0	9.0	10.0	11.0	12.0
	50.0	0.5	1.5	2.5	3.5	4.5	5.5	6.5	7.5	8.5	9.5
	55.0	0.0	0.0	0.0	1.0	2.0	3.0	4.0	5.0	6.0	7.0

全額受給できます　一部受給できます　全額支給停止されます

➡支給停止額は月ごとに計算される →21ページ参照

➡厚生年金保険と共済組合の期間がある場合 →21ページ参照

➡経過的加算が加算される場合

経過的加算については、支給調整の対象とされません。

➡在職中の人が老齢厚生年金を繰り下げる場合

在職老齢年金による支給調整を受ける人が繰下げ受給をする場合は、調整後の減額された年金をもとに繰下げ加算額が計算されます。在職により支給停止された部分は、繰下げによる増額の対象外となるため注意が必要です。

➡加給年金額が加算されている場合

在職老齢年金の支給調整は加給年金額を除いた報酬比例部分の年金額に基づいて行われます。

本体部分の厚生年金が一部でも支給されている間は加給年金額が全額支給され、本体部分の年金が在職による調整で全額支給停止となったときには加給年金額も支給停止となります。

用語解説

加給年金額：65歳になり老齢厚生年金を受けられるようになったとき、または60歳台前半で定額部分の老齢厚生年金を受けられるようになったときに、その人に生計を維持されている配偶者や子がおり、所定の条件を満たしている場合に加給年金額が加算されます。

●加給年金額が加算されるか確認してみましょう

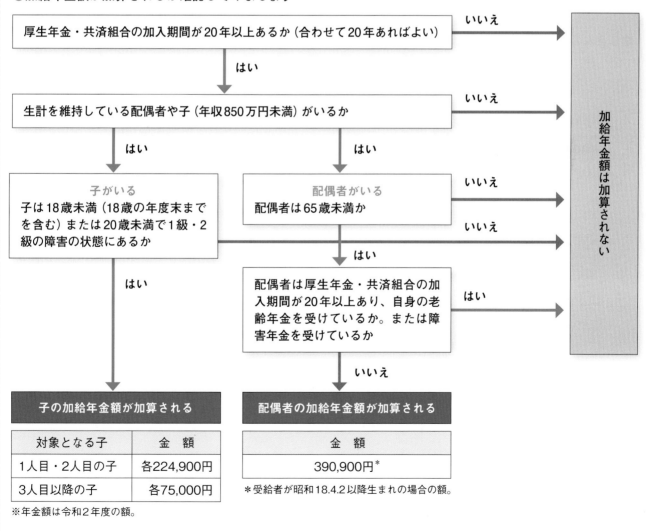

※年金額は令和2年度の額。

65歳以降の就労効果はどのように年金額増額に反映される？

> 現在65歳で在職中です。69歳になるまで、いまの会社で同じ条件で働く予定です。働き続けていれば毎年1回、年金額が増額されるようになると聞きました。私の場合はどうなりますか。

昭和30年3月8日生まれ、男性。
標準報酬月額20万円、賞与なし（総報酬月額相当額20万円）
老齢基礎年金72万円（月額6万円）、老齢厚生年金96万円（月額8万円）
（妻は65歳で自身の年金を受給中で現在無職。子は独立しており扶養外）

定時改定の適用

　改正実施は令和4年4月ですので、Sさんの老齢厚生年金は令和4年9月1日を基準日として、最初の定時改定が行われます。具体的には、67歳の9月に65歳以降の在職期間（厚生年金保険加入期間）と標準報酬を含めて年金額が再計算され、10月から年金額が増額されます。

　その後も働き続けていれば、毎年9月に1年間の加入期間と標準報酬を反映して年金額改定が行われ、改定した年金額を10月分から受け取ることになります。

　Sさんが69歳で退職した場合、直近の定時改定から退職までの在職期間を反映して年金額の改定（退職時改定）が行われ、退職日の翌月分から改定後の年金を受け取ります。

● Sさんの年金額改定のイメージ

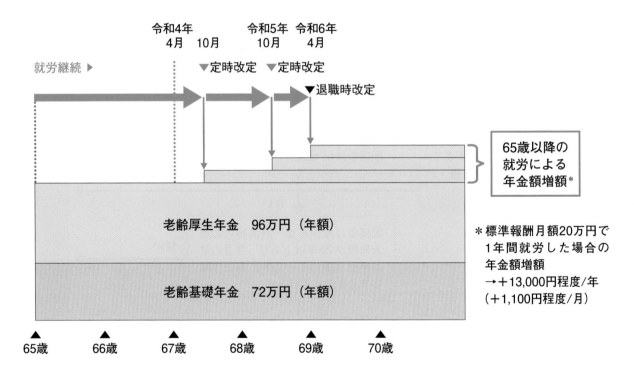

事例解説

在職により年金の一部が支給停止されていたら定時改定で年金額はどうなる？

現在66歳で在職中、年金は一部支給停止されています。72歳までは、いまの会社で働くつもりです。働き続けていれば毎年1回、年金額が増額されるようになると聞きましたが、私の場合はどうなりますか。

Tさん

昭和29年6月10日生まれ、男性。
標準報酬月額44万円、賞与なし（総報酬月額相当額44万円）
老齢基礎年金78万円（月額6.5万円）、老齢厚生年金144万円（月額12万円）
在職中のため老齢厚生年金は一部支給停止、月額7.5万円受給。老齢基礎年金は全額受給。
（妻は65歳で自身の年金を受給中で現在無職。子は独立しており扶養外）
※年金額は令和2年度の額。

在職による支給停止

Tさんは現在、総報酬月額相当額と老齢厚生年金の年金月額の合計が47万円を超えているため、在職老齢年金のしくみにより年金額が一部支給停止となっています。

○Tさんの在職老齢年金

総報酬月額相当額（44万円）＋年金月額（12万円）＝56万円

支給停止額＝（44万円＋12万円－47万円）÷2＝4.5万円

Tさんが受けられる老齢厚生年金＝12万円－4.5万円＝7.5万円、老齢基礎年金は全額6.5万円受給

定時改定の適用

定時改定の改正実施は令和4年4月ですので、Tさんの老齢厚生年金は令和4年9月1日を基準日として、最初の定時改定が行われます。具体的には、68歳の9月に65歳以降の在職期間（厚生年金保険加入期間）の標準報酬を含めて年金額が再計算され、10月から年金額が増額されます。在職老齢年金の支給停止額は、増額後の年金をベースに再計算されます。

70歳時の厚生年金保険被保険者資格喪失後も在職老齢年金適用

Tさんが70歳になると厚生年金保険の被保険者資格を喪失しますので、前回の定時改定から70歳到達までの期間を反映して70歳到達の翌月から年金額が増額されます（資格喪失による改定）。なお、70歳以降も在職による年金額の支給停止が行われ、退職すると支給停止が解除されます。

● Tさんの年金額改定のイメージ

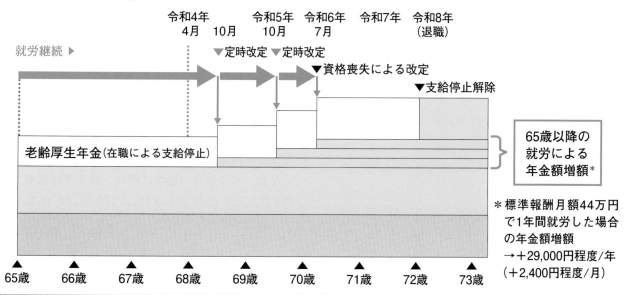

第4章

受給開始時期の選択肢の拡大

1 繰下げ受給の上限年齢の引き上げ

▶ 繰下げ受給の上限年齢は75歳に　　　　　　　令和4年4月施行

●現在の制度では、老齢厚生年金と老齢基礎年金の支給開始年齢は原則65歳とされていますが、これらの年金の受給開始時期は、個人が60歳から70歳の間で自由に選択できます。65歳よりも早く受給開始（繰上げ受給）した場合は、繰り上げた期間に応じて年金が減額され、65歳より後に受給開始（繰下げ受給）した場合は、繰り下げた期間に応じて年金額が増額されます。

●改正後は、繰下げ受給の上限年齢が75歳に引き上げられ、受給開始時期を60歳から75歳の間で選択することができるようになります。繰下げ増額率は1月あたり0.7％（最大84％）でこれまでと変わりません。（改正後国年法28条、改正後厚年法44条の3）

●高齢期の就労の拡大等をふまえ、高齢者自身の就労状況に合わせて年金受給の方法を選択できるよう、繰下げ制度をより柔軟で使いやすいものとするために見直しが行われました。

改正前

繰下げ受給の上限年齢は70歳。
70歳後の繰下げ増額率は42％で一定

現在のしくみでは、繰下げ受給の上限年齢は70歳です。年金の受給開始を66歳以降に遅らせた場合、繰下げ1ヵ月につき年金額は0.7％増額されますが、70歳以降は、繰下げ増額率は42％で一定です。

なお、70歳以降に繰下げ請求（繰下げの申し出）を行った場合、70歳で繰下げ請求があったとみなし、70歳になった月の翌月分からの年金が支給されます。

改正後

繰下げ受給の上限年齢は75歳、
繰下げ増額率は最大84％に

改正後は、繰下げ受給の上限年齢が70歳から75歳に引き上げられます。繰下げ増額率は変わらず1月あたり0.7％です。75歳まで受給を繰り下げた場合は年金額が84％増額になります。75歳以降は、繰下げ増額率は84％で一定です。

なお、75歳以降に繰下げ請求を行った場合、75歳で繰下げ請求があったものとみなし、75歳になった月の翌月分からの年金が支給されます。

改正後のしくみが適用となるのは、令和4年4月1日（改正法施行日）時点で70歳未満の人です。

国家公務員共済、地方公務員共済、私立学校教職員共済の退職年金についても、繰下げ受給の上限年齢が75歳に引き上げられます。（改正後国共済法80条、改正後地共済法94条、改正後私学共済法25条）

なお、平均余命の延伸に伴い、繰上げ減額率が現行の1月あたり0.5％から0.4％に引き下げられる予定です（政令事項）。

改正でこう変わる！ 繰下げ受給の上限年齢と年金増額

　改正後は、繰下げ受給の上限年齢の引き上げにより、通常65歳から受け始める年金の受給開始を最大75歳まで遅らせることができます。繰下げによる年金増額率は1月あたり0.7％でこれまでと変わらないため、75歳から繰下げ受給を開始した場合の年金増額率は84％となります。75歳以降は、増額率は84％で一定です。

改正前：令和4年3月まで

●上限年齢70歳

改正後：令和4年4月から

●上限年齢75歳

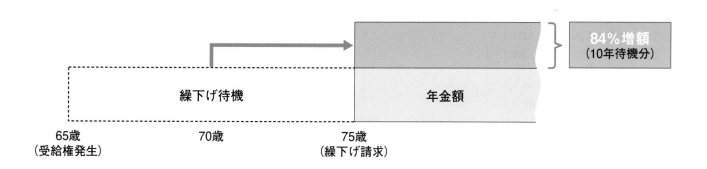

用語説明

繰下げ請求：繰下げ受給を開始するときは受給開始時に自身で繰下げ請求の手続をすることが必要です。具体的には日本年金機構（または共済組合）に「老齢基礎年金・老齢厚生年金支給繰下げ請求書」を提出します。繰下げは老齢基礎年金と老齢厚生年金を一緒に行うこともできますし、繰下げ受給開始時期を別々に決めることもできます。
　老齢基礎年金・老齢厚生年金のいずれか一方のみを繰り下げるときは、65歳時に提出する年金請求書で意思表示をします。両方を繰り下げる場合は年金請求書を提出する必要はなく、繰下げ受給開始時に繰下げ請求の手続をします。

➡繰上げ受給の対象となる年金

　繰上げ受給の対象となるのは、65歳から支給が開始される老齢厚生年金と老齢基礎年金および61歳～64歳で支給される特別支給の老齢厚生年金です。

　61歳～64歳に特別支給の老齢厚生年金（報酬比例部分）を受ける人（男性：昭28.4.2～昭36.4.1生まれ、女性：昭33.4.2～昭41.4.1生まれ）は、60歳から支給開始年齢までの間に老齢厚生年金を繰り上げることができますが、その場合は老齢基礎年金も同時に繰り上げることになります。また、報酬比例部分の支給開始年齢から65歳になるまでの間に老齢基礎年金を単独で繰り上げることができます。

➡繰下げ受給の対象となる年金

　繰下げ受給の対象となるのは、65歳から支給が開始される老齢厚生年金と老齢基礎年金です。61歳～64歳で支給される特別支給の老齢厚生年金（報酬比例部分）は繰下げ受給をすることはできません。

●年金の支給開始年齢と支給される年金の種類（男性：昭24.4.2以降生まれ、女性：昭29.4.2以降生まれの場合）

生年月日	支給される年金						
	60歳	61歳	62歳	63歳	64歳	65歳	終身
男性　昭24.4.2～昭和28.4.1 女性　昭29.4.2～昭和33.4.1	報酬比例部分					老齢厚生年金 老齢基礎年金	
男性　昭28.4.2～昭和30.4.1 女性　昭33.4.2～昭和35.4.1		報酬比例部分				老齢厚生年金 老齢基礎年金	
男性　昭30.4.2～昭和32.4.1 女性　昭35.4.2～昭和37.4.1			報酬比例部分			老齢厚生年金 老齢基礎年金	
男性　昭32.4.2～昭和34.4.1 女性　昭37.4.2～昭和39.4.1				報酬比例部分		老齢厚生年金 老齢基礎年金	
男性　昭34.4.2～昭和36.4.1 女性　昭39.4.2～昭和41.4.1					報酬比例部分	老齢厚生年金 老齢基礎年金	
男性　昭36.4.2～ 女性　昭41.4.2～						老齢厚生年金 老齢基礎年金	

◀――――――――― 特別支給の老齢厚生年金 ―――――――――▶

※共済組合の加入期間がある女性は、男性と同じです。

➡繰上げ受給の減額率と注意点

　支給開始年齢前の60歳以降の希望する年齢から、年金を繰り上げて受給することができます。繰上げ受給をした場合は、繰り上げた期間に応じて年金額が減額され、生涯減額された年金を受給することになります。一度繰上げ請求をすると取り消すことができないため、注意が必要です。

　繰上げ受給の減額率は現在1月あたり0.5％ですが、平均余命の延伸に伴い見直しが行われます。改正後の減額率は、1月あたり0.4％となる予定です（政令事項）。

● 65歳から支給開始される老齢基礎年金・老齢厚生年金の繰上げ減額率早見表

【改正前】令和4年3月まで

繰上げ請求時の年齢	減額率
60歳0ヵ月〜60歳11ヵ月	30.0%〜24.5%
61歳0ヵ月〜61歳11ヵ月	24.0%〜18.5%
62歳0ヵ月〜62歳11ヵ月	18.0%〜12.5%
63歳0ヵ月〜63歳11ヵ月	12.0%〜 6.5%
64歳0ヵ月〜64歳11ヵ月	6.0%〜 0.5%

【改正後】令和4年4月から（予定）

繰上げ請求時の年齢	減額率
60歳0ヵ月〜60歳11ヵ月	24.0%〜19.6%
61歳0ヵ月〜61歳11ヵ月	19.2%〜14.8%
62歳0ヵ月〜62歳11ヵ月	14.4%〜10.0%
63歳0ヵ月〜63歳11ヵ月	9.6%〜 5.2%
64歳0ヵ月〜64歳11ヵ月	4.8%〜 0.4%

○障害年金と繰上げ受給

　繰上げ請求後に障害の状態になっても、厚生年金保険に加入中の受給権者である場合を除き、障害基礎（厚生）年金は受給できません。

○遺族年金と繰上げ受給

　配偶者が亡くなり遺族厚生年金を受けられる場合は、64歳までは遺族厚生年金か繰り上げた老齢年金いずれかを選択して受給します。遺族厚生年金を選択すると65歳になるまでは、繰り上げた老齢基礎年金と遺族厚生年金を併せて受けることはできません。

➡繰下げ受給の増額率と注意点

　繰下げ受給の上限年齢は改正前は70歳、改正後は75歳となります。改正後は70歳1ヵ月以降の繰下げ増額率が設けられ、増額率は繰下げ請求時の年齢に応じて右表のとおりとなります。

○在職老齢年金と繰下げ受給

　年金の繰下げ待機中の人が厚生年金保険に加入中の場合は、在職老齢年金で支給停止された部分については繰下げ増額の対象となりません。在職による支給停止額を控除した調整後の年金額が繰下げ受給の増額対象となります（下図）。

● 繰下げ増額率早見表

【改正後】令和4年4月から

繰下げ請求時の年齢	増額率
66歳0ヵ月〜66歳11ヵ月	8.4%〜16.1%
67歳0ヵ月〜67歳11ヵ月	16.8%〜24.5%
68歳0ヵ月〜68歳11ヵ月	25.2%〜32.9%
69歳0ヵ月〜69歳11ヵ月	33.6%〜41.3%
70歳0ヵ月〜70歳11ヵ月	42.0%〜49.7%
71歳0ヵ月〜71歳11ヵ月	50.4%〜58.1%
72歳0ヵ月〜72歳11ヵ月	58.8%〜66.5%
73歳0ヵ月〜73歳11ヵ月	67.2%〜74.9%
74歳0ヵ月〜74歳11ヵ月	75.6%〜83.3%
75歳0ヵ月〜	84.0%

加算する額＝（繰下げ対象額A＋経過的加算額）×増額率B
A：繰下げ対象額＝受給権発生時点での老齢厚生年金の額×平均支給率C
B：増額率＝0.7％×繰下げ月数（120月を上限とする）
C：平均支給率＝受給権が発生した月の翌月から繰下げ請求をした月までの各月の支給率Dの平均
D：支給率＝1－（各月の在職支給停止額÷受給権発生時点での老齢厚生年金の額）

● 在職老齢年金繰下げ増額のイメージ（70歳で退職・繰下げ請求したケース）

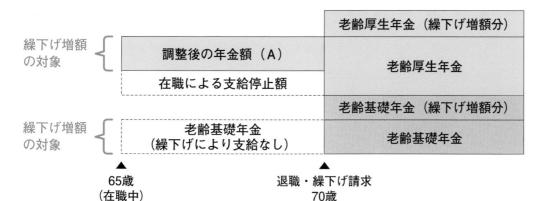

70歳または75歳まで年金受給を繰り下げると受取総額はどうなる？

> 60歳で退職し、もうすぐ65歳です。65歳から受け取れる年金を70歳または75歳まで繰り下げて受けた場合、65歳受給開始と比べて年金の受給総額が多くなるのは何歳のときですか。

Nさん

昭和30年12月10日生まれ、男性。
老齢厚生年金：120万円（月額10万円）、老齢基礎年金78万円（月額6.5万円）を65歳から受給予定。
（妻は65歳で自身の年金を受給中、子どもは独立しており扶養外）
※年金額は令和2年度の額。

繰下げ受給、通常受給の受取総額の比較

　Nさんが65歳から受給予定の老齢厚生年金と老齢基礎年金の受給を70歳まで繰り下げた場合、年金額は42％増額されますので、70歳から受ける年金額は老齢厚生年金170.4万円、老齢基礎年金110.76万円、合計281.16万円となります。仮にNさんが繰下げ受給を行わず、65歳から老齢厚生年金と老齢基礎年金を受け始めた場合は、70歳時点（6年間）の年金受取総額は、1,188万円になり、その時点で906.84万円の差があります。繰下げ受給を開始後、Nさんが81歳時には12年間の繰下げ受給の年金総額が3,373.92万円、通常受給の17年間の年金総額が3,366万円となり、繰下げ受給額が通常受給額に追いつきます。

　75歳まで受給を繰り下げた場合は84％年金額が増額されます。年金額は364.32万円になり、Nさんが86歳時には繰下げ受給の年金総額が通常受給の年金総額よりも多くなります。

●Nさんの年金総額の推移（イメージ）

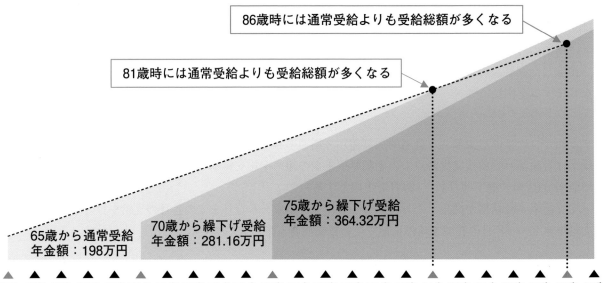

64歳で67歳まで就労予定。繰下げ受給と通常受給で年金額はどう変わる？

64歳で在職中です。妻を扶養しており67歳までいまの会社で同じ条件で働く予定です。退職まで年金受給を繰り下げた場合と65歳から通常受給した場合とで、年金額はどう変わりますか。

Hさん

昭和31年2月5日生まれ、男性。
標準報酬月額32万円、賞与なし（総報酬月額相当額32万円）
老齢厚生年金：120万円（月額10万円）、老齢基礎年金72万円（月額6万円）、加給年金額39.09万円を65歳から受給予定。
（妻は昭和35年生まれ、60歳で現在はパート勤務中。子は独立しており扶養外）
※年金額は令和2年度の額。

68歳まで年金受給を繰り下げた場合の年金額

　Hさんの場合、65歳からの老齢厚生年金月額と総報酬月額相当額の合計が47万円以下のため、在職による年金額の調整は行われず、年金を全額受給できます。

　65歳から受給できる老齢厚生年金と老齢基礎年金の受給を68歳0ヵ月まで繰り下げた場合、老齢厚生年金と老齢基礎年金は25.2％増額され、68歳時の年金額は老齢厚生年金150.24万円、老齢基礎年金90.144万円になります。また、繰下げ待機中は加給年金額は支給されません。

● Hさんの受給年金額

	年金額			
	65歳	66歳	67歳	68歳〜
通常受給 （65歳から受給）	231.09万円	231.09万円	231.09万円	231.09万円
繰下げ受給 （68歳から受給）	—	—	—	279.474万円

※年金額は加給年金額39.09万円を含んだ令和2年度の額です。加給年金額は妻が65歳になり自分の老齢基礎年金を受けられるようになると加算されなくなり、妻が昭和41年4月1日以前生まれであれば、妻自身の老齢基礎年金に生年月日に応じた「振替加算」が上乗せされます。

70歳以降に請求する場合の5年前時点での繰下げ制度新設

▶ 80歳未満の年金請求は時効消滅なしに　　　　　　　　　令和5年4月施行

- 現在の制度では、70歳以降に年金の請求を行い、かつ請求時点で繰下げ受給を選択しない場合は、繰下げ増額のない本来額の年金が受給権発生時から支給されますが、請求時点からさかのぼって5年を超える期間の年金は時効により消滅します。
- 改正後は、70歳以降80歳未満の間に年金を請求し、かつ請求時点で繰下げ受給を選択しない場合、年金額の算定では5年前に繰下げ請求（繰下げの申し出）があったものとして年金が支給されるようになります。（改正後国年法28条5項、改正後厚年法44条の3−5項）
- 繰下げ受給の上限年齢を70歳から75歳に引き上げることに伴い、見直しが行われます。

改正前

70歳以降に年金請求し、繰下げ受給を選択しない場合は、その5年超前の期間分の年金は時効により消滅

70歳以降に年金請求を行う場合、①繰下げ請求をして増額された年金を受給開始する、②本来の支給開始年齢からの年金を請求し、通常の額の年金を受給するのいずれかとなります。

現在のしくみでは、上記②を選択し、繰上げ請求ではなく本来の支給開始年齢からの年金を受ける場合には、請求時からさかのぼって5年を超える期間分の年金は時効により消滅し、受給することはできません。

改正後

70歳以降80歳未満で年金請求し、繰下げ受給を選択しない場合は5年前に繰下げ請求があったものとして年金を支給

改正後のしくみでは、70歳以降80歳未満に繰下げ請求ではなくさかのぼって通常受給を選択した場合は、その5年前に繰下げ請求があったものとみなし、年金が支給されます。

その場合、支給される年金は、受給権発生から請求の5年前までの月数に応じて増額されます。

国家公務員共済、地方公務員共済、私立学校教職員共済の退職年金についても、同様に改正されます。（改正後国共済法80条4項、改正後地共済法94条4項、改正後私学共済法25条）

改正でこう変わる！ 70歳以降80歳未満での通常受給による年金請求

○72歳まで繰下げ待機をしていた人が65歳からの通常受給を選択したケース

改正前：令和5年3月まで

- 年金請求5年前超の期間分の年金は時効により消滅

請求時に繰下げ受給を選択しない

時効消滅期間

年金額
一括支払い

65歳
（受給権発生）

67歳
（年金請求5年前）

72歳
（年金請求）

繰下げ待機期間

事例解説

72歳で年金請求をするつもりだが、繰下げ受給と通常受給で年金額はどう変わる？

現在68歳です。繰下げ請求をするつもりでしたが、通常受給で65歳からの分をさかのぼって請求することもできると聞きました。72歳で請求した場合、繰下げ受給と通常受給の年金額はどうなりますか。

Mさん　昭和27年5月5日生まれ、男性。独身。
老齢厚生年金：132万円（月額11万円）、老齢基礎年金78万円（月額6.5万円）を65歳から繰り下げ中。
※年金額は令和2年度の額。

72歳で繰下げ受給を選択した場合

　Mさんが72歳0ヵ月で繰下げ請求を行った場合、年金額は58.8％増額され72歳から受給する年金額は老齢厚生年金209.616万円、老齢基礎年金123.864万円で合計333.48万円となります。

72歳で繰下げ受給を選択せず、通常受給を選択した場合

　Mさんが72歳0ヵ月で繰下げ受給を選択せず、本来の支給開始年齢である65歳からの年金請求を行った場合は、5年前の67歳0ヵ月で繰下げ請求を行ったとみなされます。その場合、65歳から67歳の2年分が増額（16.8％）され、1年あたりの年金額は老齢厚生年金154.176万円、老齢基礎年金91.104万円で合計245.28万円となります。72歳時に67歳から71歳までの分の年金1,226.4万円をまとめて受け取り、その後は年額245.28万円を受給します。

●Mさんの受給年金額

	65歳	66歳	67歳	68歳	69歳	70歳	71歳	72歳〜
繰下げ受給 （72歳から受給）	―	―	―	―	―	―	―	333.48 万円
通常受給 （65歳分から受給）	―	―	245.28 万円	245.28 万円	245.28 万円	245.28 万円	245.28 万円	245.28 万円

改正後：令和5年4月から

●請求の5年前に繰下げ請求があったものとして年金を支給
　→65歳から67歳までの2年分が増額される

請求時に繰下げ受給を選択しない

16.8％増額（2年待機分）

繰下げ待機期間

年金額一括支払い

65歳（受給権発生）　　67歳（年金請求5年前）　　72歳（年金請求）

―――――――――― 繰下げ待機期間 ――――――――――

※適用の対象となるのは、令和5年4月1日時点で71歳未満の人です。

37

第5章

企業年金・個人年金の見直し

1 確定拠出年金（DC）の加入可能年齢の引き上げ

▶ 企業型DCはDBと同様に65歳未満まで加入可能に　　　令和4年5月施行

- ●企業型確定拠出年金（企業型DC）の加入可能年齢が引き上げられ、厚生年金被保険者であれば70歳未満まで加入が可能になります。（改正後DC法2条6項、9条）
- ●企業が従業員のために実施する退職給付制度である企業型DCについて、高齢者雇用の状況により柔軟な制度運営を可能とするとともに、DCと確定給付企業年金（DB）の整合性を図ることがねらいです。
- ●個人型確定拠出年金（個人型DC〈iDeCo〉）の加入可能年齢が引き上げられ、国民年金被保険者であれば、会社員・公務員（第2号被保険者）または任意加入被保険者は最長で65歳未満まで加入が可能になります。

改正前

企業型DCの加入可能年齢は65歳未満、iDeCoは60歳未満

　現在の制度では、企業型DCの加入者は、厚生年金被保険者のうち65歳未満の人に限られています（60歳以降は60歳前と同一事業所で継続して使用される人に限定）。

　一方、DCと同じく従業員のための退職給付制度である確定給付企業年金（DB）は、このような年齢や同一事業所の要件はなく、厚生年金被保険者（70歳未満）であれば加入者とすることができます。

　また、現在、iDeCoの加入者は、国民年金被保険者（第1号・第2号・第3号）で60歳未満の人に限られています。

改正後

企業型DCの加入可能年齢は70歳未満、iDeCoは国民年金被保険者であれば加入可能に

　改正後は、厚生年金被保険者（70歳未満）であれば企業型DCに加入が可能になり、DBとの差異が解消されます。

　また、高齢期の就労が拡大していることをふまえ、iDeCoについても国民年金の被保険者であれば加入が可能となります。国民年金被保険者となれる年齢は下表のとおりです。

●国民年金被保険者の資格（iDeCoに加入可能）

第1号被保険者	60歳未満
第2号被保険者	65歳未満
第3号被保険者	60歳未満
任意加入被保険者	保険料納付済期間等が480月未満であれば65歳未満

用語説明

企業型確定拠出年金（企業型DC）：企業が従業員のために掛金を拠出し、個人が自己責任において資産の運用指図を行い、その結果に基づいて給付を受ける退職給付制度。掛金については、企業拠出と同額以下かつ合計額が所定の拠出限度額を超えない範囲で、加入者の拠出（「マッチング拠出」といいます）も認められています。

個人型確定拠出年金（個人型DC〈iDeCo〉）：個人が掛金を拠出し、自己責任において資産の運用指図を行い、その結果に基づいて給付を受ける制度。加入は任意で、掛金は拠出限度額の範囲内で加入者が設定します。

任意加入被保険者：国民年金の老齢基礎年金は40年（480月）加入で満額が受けられます。60歳になったとき保険料納付済期間等が480月未満で老齢基礎年金を満額受給できない場合などに、任意加入して年金額を増やすことができます。

改正でこう変わる！ 確定拠出年金の加入可能年齢

改正により、企業型DC、iDeCoに加入して掛金を拠出できる年齢の上限が引き上げられます。

●企業型DCの加入可能年齢の引き上げ（厚生年金被保険者）

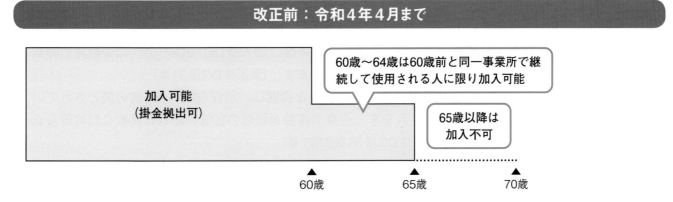

●iDeCoの加入可能年齢の引き上げ（国民年金被保険者）

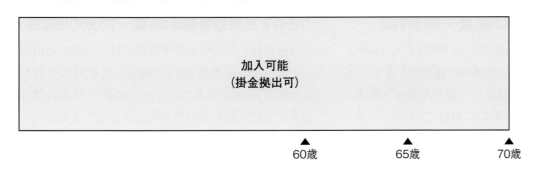

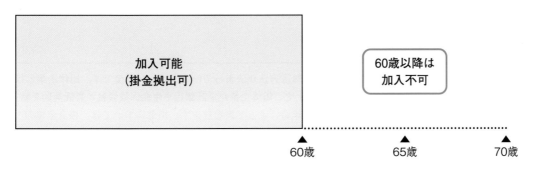

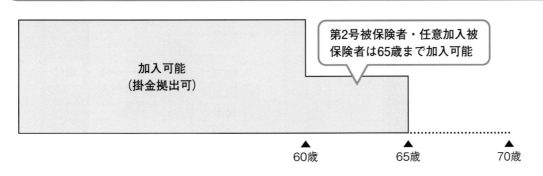

受給開始時期の選択肢等の拡大

2

| ▶ 確定拠出年金（DC）の受給開始の上限は75歳に引き上げ | 令和4年4月施行 |

| ▶ 確定給付企業年金（DB）の支給開始は70歳まで拡大 | 令和2年6月施行 |

●企業型確定拠出年金（企業型DC）、個人型確定拠出年金（個人型DC〈iDeCo〉）の受給開始時期の上限年齢が、現在の70歳から75歳に引き上げられます。（改正後DC法34条）
●確定給付企業年金（DB）の支給開始時期の設定可能な範囲は、現在60歳〜65歳の間とされていますが、この範囲が70歳まで拡大されます。企業の高齢者雇用の状況に応じた柔軟な制度運営を図ることが、そのねらいです。（改正後DB法36条2項1号）

改正前

**DCの受給開始時期は60歳〜70歳の間、
DBの支給開始時期は60歳〜65歳の間**

現在、DCの受給開始時期は、企業型DCもiDeCoもともに60歳〜70歳の間で各個人が選択できます。

また、DBの支給開始時期は、一般的な定年年齢をふまえ、労使合意に基づく規約において60歳〜65歳の間で設定できることになっています。

改正後

**DCの受給開始時期は60歳〜75歳の間、
DBの支給開始時期は60歳〜70歳の間に拡大**

改正後は、公的年金の受給開始時期の選択肢の拡大にあわせて、企業型DC・iDeCoの受給開始可能な上限年齢が75歳に引き上げられ、60歳〜75歳の間で各個人が受給開始を選択できるようになります。

DBの支給開始時期の範囲についても、上限年齢が引き上げられ、60歳〜70歳の間で設定が可能になります。支給開始時期の範囲は、企業年金ごとに労使合意に基づく規約において設定されます。

用語説明

確定給付企業年金（DB）：あらかじめ加入者が将来受け取る年金給付の算定方法が決まっている退職給付制度です。母体企業とは別法人を設立して年金資産の管理・運用を行う「基金型（企業年金基金）」と、母体企業が信託銀行や生命保険会社と委託契約を結び、年金給付などを委託する「規約型」があります。給付内容は、各企業年金によって異なります。掛金については、掛金全体の1/2を超えない範囲で、加入者の拠出も認められています。

確定給付企業年金(DB)のイメージ

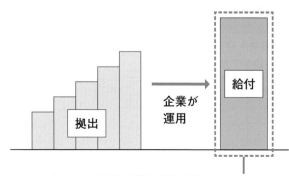

あらかじめ給付の算定方法が決まっている

確定拠出年金(DC)のイメージ

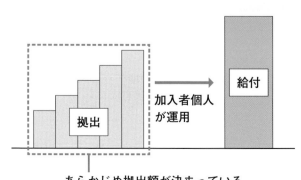

あらかじめ拠出額が決まっている

改正でこう変わる！ 企業年金の受給開始時期等の範囲

改正により、企業型DC、iDeCoの受給開始時期の範囲、DBの支給開始時期の設定範囲が広がります。

● 企業型DC・iDeCoの受給開始時期の選択肢の拡大

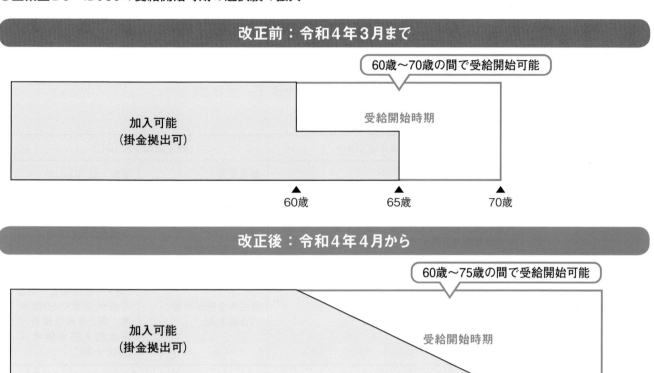

● DBの支給開始時期の設定範囲の拡大

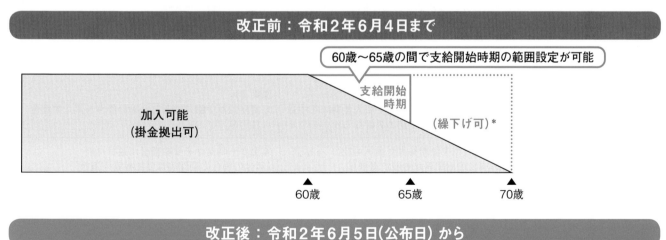

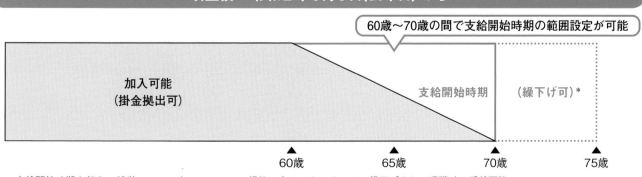

＊支給開始時期を超えて就労している人については、規約に定めるところにより繰下げまたは退職時に受給可能。

DBとDCの拠出・給付の基本的なしくみ

　確定給付企業年金（DB）は、適格退職年金や厚生年金基金を継承した給付建ての制度として創設され、確定拠出年金（DC）は、米国の401(k)を参考に貯蓄との違いを考慮した拠出建ての制度として創設されました。DBは、適格退職年金や厚生年金基金の移行の受け皿としての役割もあったことから、両制度の特徴を承継しています。

　DBとDCは、制度創設の経緯を反映し、拠出や給付のしくみが異なりますが、「公的年金の給付と相まって国民の老後の所得確保を図る」という制度の目的は共通しています。

●DBとDCの拠出のしくみ（改正後）

	確定給付企業年金（DB）	確定拠出年金（DC）	
掛金	事業主拠出 （加入者も掛金全体の1/2を超えない範囲で拠出可能） ※拠出限度額なし（ただし、加入者掛金の非課税枠は年間4万円まで〈生命保険料控除〉）	●企業型 事業主拠出 （加入者も事業主掛金を超えない範囲で拠出可能） ※拠出限度額あり	●個人型（iDeCo） 加入者拠出 （中小企業については、事業主も拠出可能） ※拠出限度額あり
加入可能要件（年齢）	厚生年金被保険者 （70歳未満）	厚生年金被保険者 （70歳未満）*	国民年金被保険者 （第1号被保険者・第3号被保険者は60歳未満、第2号被保険者・任意加入被保険者は65歳未満）*

＊令和4年5月から

●DBとDCの給付のしくみ（改正後）

	確定給付企業年金（DB）	確定拠出年金（DC）
支給開始時期の設定 受給開始時期の設定	60歳～70歳の規約で定める年齢到達時*1または50歳以上の退職時（規約に定めがある場合） ※規約で定めるところにより繰下げを申し出ることができる（繰り下げた場合の開始時期は規約で定める）	60歳～75歳の請求時*2 ※60歳未満の加入等の期間が10年に満たない場合は、その期間に応じた年齢以降で請求が可能
年齢到達前の中途引き出し	制限なし ※規約において、3年を超える加入者期間を中途引き出しの要件として定めてはならない	原則不可 ※資産額が少額であること等の要件を満たす場合は可能
受給の形態	年金か一時金かを受給権者が選択可能 （年金の場合の期間等は労使が選択）	年金か一時金かを受給権者が選択可能 （年金の場合の期間等は受給権者が選択）

＊1　令和2年6月5日から　＊2　令和4年4月から

3 中小企業向け制度（簡易型DC・iDeCoプラス）の対象範囲の拡大

▶ 制度を実施可能な企業規模を従業員300人以下に拡大　｜　公布日から6ヵ月以内の政令で定める日施行

●中小企業向けの「簡易型DC」、「中小事業主掛金納付制度（iDeCoプラス）」について、制度を実施可能な従業員規模が現行の100人以下から300人以下に拡大されます。（改正後DC法3条5項2号、55条2項4の2）

改正前

従業員規模100人以下の企業が対象

中小企業向けのDC制度には、設立手続等を簡素化した「簡易型DC」と、企業年金の実施が困難な中小企業がiDeCoに加入する従業員の掛金に追加で事業主掛金を拠出することができる「中小事業主掛金納付制度（iDeCoプラス）」の2つの制度があります。現在は、いずれも従業員規模が100人以下の企業が対象となっています。

改正後

従業員規模300人以下の企業に対象範囲を拡大

改正後は、「簡易型DC」、「中小事業主掛金納付制度（iDeCoプラス）」を実施可能な従業員規模が300人以下に拡大されます。

簡易型DCは、導入時に必要な書類や届出事項、業務報告書等が簡素化されたパッケージ型の制度です。iDeCoプラスは、従業員の掛金に事業主掛金をプラスして給付を手厚くできるとともに、事業主の拠出掛金は全額損金算入できるなど、事業主にとってもメリットのある制度です。

●簡易型DCのしくみ（改正後）

	簡易型DC	通常の企業型DC
制度の対象者	適用対象者を厚生年金被保険者全員に固定 ※職種や年齢等によって加入是非の判断は不可	厚生年金被保険者 ※職種や年齢等によって加入是非の判断は可能
拠出額	定額	定額、定率、定額＋定率のいずれかを選択
マッチング拠出	選択肢は1つでも可	2つ以上の額から選択
商品提供数	2本以上35本以下	3本以上35本以下

●中小事業主掛金納付制度（iDeCoプラス）のしくみ（改正後）

	iDeCoプラス
事業主の条件	企業型確定拠出年金、確定給付企業年金および厚生年金基金を実施していない事業主であって、従業員300人以下*の事業主 ※従業員とは厚生年金被保険者をいう
労使合意	中小事業主掛金を拠出する場合に労働組合等の同意が必要
拠出の対象者	iDeCoに加入している従業員のうち、中小事業主掛金を拠出されることに同意した人 ※ただし、iDeCoに加入している人のうち一定の資格を定めることも可能
拠出額	定額　※資格に応じて額を階層化することは可能

＊公布日から6ヵ月以内の政令で定める日から

企業型DC加入者の個人型DC（iDeCo）加入の要件緩和

▶ iDeCo加入について企業型DCの規約の定めが不要に　　　令和4年10月施行

●企業型DC加入者の個人型DC（iDeCo）加入の要件が緩和され、規約の定めや事業主掛金の上限の引き下げがなくても、所定の掛金拠出限度額の範囲内で、iDeCoに加入できるよう改善されます。（改正後DC法3条3項7号の3）

改正前

iDeCo加入には企業型DCの規約に定め、事業主掛金の上限引き下げが必要

　現在、企業型DC加入者がiDeCoに加入できるのは、①iDeCoへの加入を認める労使合意に基づく規約の定めがあり、②事業主掛金の上限を月額5.5万円から3.5万円に引き下げた場合、に限られています。

　すなわち企業型DCにおいて加入者のiDeCo加入を認める規約の定め等がなければ、加入者本人の希望にかかわらず、加入者全員がiDeCoに加入不可となっています。

改正後

企業型DC規約の定めや事業主掛金の上限引き下げが不要に

　改正後は、企業型DCにおいて加入者のiDeCo加入についての規約の定めや事業主掛金の上限引き下げは不要となります。企業型DCの加入者となっている人がiDeCoに加入する場合は、全体の掛金拠出限度額から事業主掛金を控除した残余の範囲内かつiDeCo掛金の限度額（2万円）以内で自分の拠出する掛金を設定することになります。

　こうした加入要件の緩和により、これまで加入できなかった多くの人がiDeCoに加入できるようになります。

●DC掛金の拠出限度額（月額）

○DC全体の掛金の上限

1.0	2.0	3.0	4.0	5.0	5.5 （万円）

5.5万円

○企業型DCの事業主掛金の上限

5.5万円

○iDeCo掛金の上限

2万円

※確定給付企業年金（DB）を合わせた掛金拠出限度額が定められています。このためDBとDCを実施している場合は、5.5万円→2.75万円、2万円→1.2万円になります。

改正でこう変わる！ 企業型 DC 加入者の iDeCo 加入の条件

　改正前の制度では、企業型DCの加入者がiDeCoに加入できるのは、企業型DCが規約で認めている場合に限られ、その企業型DCを実施する企業にとっても事業主掛金の上限を3.5万円にしなければならないという制限があります。

　改正後は、こうした制限がなくなり、企業型DCの加入者も原則として自由にiDeCoに加入できるようになります。ただし、iDeCo掛金には拠出限度額が定められているため、その範囲内で自分で掛金を設定する必要があります。各加入者のiDeCo掛金の拠出可能見込額については、企業型DCの掛金を管理する記録関連運営管理機関とiDeCo掛金を管理する国民年金基金連合会の情報連携により、企業型DCの加入者向けウェブサイトで確認できるようになります。

改正前：令和4年9月まで

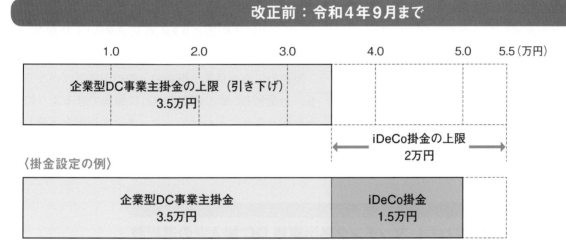

① 企業型DCの規約で加入者にiDeCo加入を認めることを定めていることが必要
② 事業主掛金の上限を3.5万円に引き下げることが必要
※iDeCo掛金は個人が設定（上限2万円）

改正後：令和4年10月から

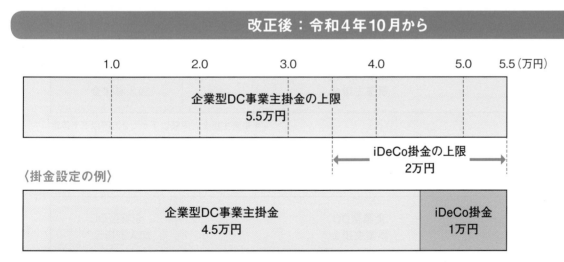

① 企業型DC規約でiDeCo加入についての定めは不要
② 事業主掛金の上限引き下げは不要（上限5.5万円）
※iDeCo掛金は個人が設定（上限2万円かつ企業型DC掛金との合計が5.5万円以内）

※確定給付企業年金（DB）を合わせた掛金拠出限度額が定められています。このためDBとDCを実施している場合は、5.5万円→2.75万円、3.5万円→1.55万円、2万円→1.2万円になります。

5 企業型DCにおけるマッチング拠出とiDeCo加入の選択

▶ マッチング拠出を実施するDCでもiDeCo加入が可能に　　▶ 令和4年10月施行

●企業型DCにおいて、事業主掛金に上乗せして加入者掛金を拠出できる「マッチング拠出」を実施している場合に、加入者がマッチング拠出かiDeCo加入かを選択できるようになります。（改正後DC法62条1項2号）

改正前	改正後
マッチング拠出を実施している企業型DCの加入者はiDeCoに加入できない	**マッチング拠出とiDeCo加入のいずれかを加入者が選択可能に**
現在の制度では、マッチング拠出を実施している企業型DCの加入者はiDeCoに加入することはできません。加入者本人がDCの掛金拠出を希望する場合、マッチング拠出しか選択肢はなく、iDeCo加入を選択することはできません。	規約の定めや事業主掛金の上限の引き下げがなくても、企業型DC加入者がiDeCoに加入できるように改善を図ることにあわせて、マッチング拠出を実施している企業の企業型DC加入者は、マッチング拠出かiDeCo加入かを加入者ごとに選択できるようになります。

改正でこう変わる！ マッチング拠出実施DC加入者の選択肢

　DC制度の掛金には拠出限度額が定められているため、企業型DC加入者はマッチング拠出やiDeCo加入を選択する際に、限度額の範囲内で自分で掛金を設定する必要があります。

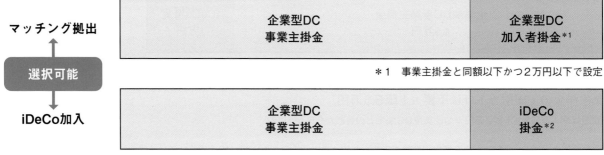

改正前：令和4年9月まで

マッチング拠出

企業型DC 事業主掛金	企業型DC 加入者掛金*

iDeCo加入不可

　＊事業主掛金と同額以下かつ2万円以下で設定

改正後：令和4年10月から

マッチング拠出

企業型DC 事業主掛金	企業型DC 加入者掛金*1

　＊1　事業主掛金と同額以下かつ2万円以下で設定

選択可能

iDeCo加入

企業型DC 事業主掛金	iDeCo 掛金*2

　＊2　2万円以下かつ事業主掛金との合計が5.5万円以下で設定

※確定給付企業年金（DB）を合わせた掛金拠出限度額が定められています。このためDBとDCを実施している場合は、5.5万円→2.75万円、2万円→1.2万円になります。

6 企業年金・個人年金のその他の改善事項

(1) 企業型DCの規約変更　　　公布日から6ヵ月以内の政令で定める日施行

改正前の制度では企業型DCでは軽微な規約変更でも厚生労働大臣に届出が必要です。改正後は、DBと同様に、軽微な規約変更の一部は届出が不要になります。（**改正後DC法6条1項**）

(2) DCの脱退一時金の受給　　　令和4年5月施行

改正前の制度ではiDeCoの中途引き出し（脱退一時金の受給）が例外的に認められているのは、国民年金の保険料免除者に限られています。このため、DCに加入している外国人従業員が帰国などによって海外居住となり国民年金被保険者に該当しなくなった場合は、iDeCoに加入できず、脱退一時金も受給できません。

改正後は、①60歳未満であること、②企業型DC加入者でないこと、③iDeCoに加入できないこと等いずれにも該当する場合に、資格喪失後2年経過前であれば、脱退一時金の支給を請求することができるようになります。（**改正後DC法附則3条**）

(3) DCの運営管理機関の登録　　　令和2年6月施行

改正前、DCの運営管理機関の登録事項には役員の住所等が含まれていましたが、改正後は、登録申請書の登録事項から役員の住所は削除することとされました。（**改正後DC法89条1項3号**）

(4) 制度間の年金資産の移換（ポータビリティ）　　　令和4年5月施行

個人の転職等の際に企業年金の年金資産を他制度へ持ち運べるしくみをポータビリティ制度といいます。改正後は、新たに①制度を終了したDBからiDeCoへの移換、②加入者の退職等に伴う企業型DCから企業年金連合会の通算企業年金への移換、が可能になります。（**改正後DB法82条の4、改正後DC法54条の5**）

●制度間のポータビリティ（改正後）

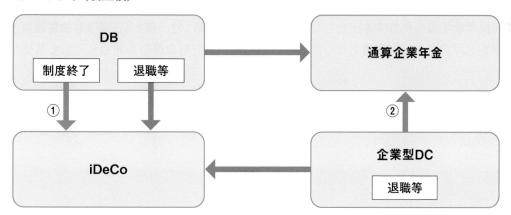

用語説明

通算企業年金：DBや企業型DCが共同で設立し会員となっている企業年金連合会が運用する年金。DBや企業型DCの中途脱退者は、それまで積み立てた年金資産を企業年金連合会に移換し、将来年金として受給することができます。原則65歳受給開始、80歳までの保証期間付き終身年金で、年金額は移換時の年齢に応じた予定利率で付利された額となります。

第6章

その他の改正事項

1 国民年金手帳から基礎年金番号通知書への切り替え

▶ 国民年金手帳の廃止　　　　　　　　　　　　　　　　▶ 令和4年4月施行

- ●新たに国民年金の被保険者となった人に交付している国民年金手帳（改正前国年法13条）を廃止し、基礎年金番号通知書の送付に切り替えられます。
- ●国民年金手帳の再交付申請は廃止されますが、法律施行までに送付された国民年金手帳は、引き続き基礎年金番号を明らかにすることができる書類として利用できます。

■国民年金手帳の形式および役割の見直し

　国民年金手帳は、従来、①保険料納付の領収の証明、②基礎年金番号の本人通知という機能を果たしていましたが、被保険者情報がすでにシステムで管理されていること、およびマイナンバー（個人番号）の導入によって、手帳という形式の必要性がなくなっていました。

　また、かつては多くの手続において国民年金手帳の添付が求められていましたが、現在は、行政手続の簡素化や利便性向上を進める観点から、「基礎年金番号を明らかにする書類」で手続を可能としているほか、給与事務でマイナンバーを確認等している事業者等でマイナンバーの記載をして届出をした場合は、基礎年金番号を明らかにする書類の提出は不要とされています。

　こうした環境の変化をふまえ、事業者の業務の簡素化および効率化等に資するため、国民年金手帳について、手帳という形式および役割を見直すこととなりました。

　改正後は、国民年金手帳を代替するかたちで、新たに国民年金第1号・第2号・第3号被保険者となった人（20歳到達者、20歳前に厚生年金被保険者となった人等）に対して、資格取得のお知らせとして基礎年金番号通知書が送付されます。

2 未婚のひとり親等の申請全額免除基準への追加

▶ 地方税法に定める未婚のひとり親・寡夫を追加　　　　　▶ 令和3年4月施行

> ●未婚のひとり親に対する税制上の措置に対応するため、国民年金保険料の申請全額免除基準において、その対象に地方税法に定める未婚のひとり親・寡夫が追加されます。（改正後国年法90条）

■国民年金保険料の申請全額免除基準への追加

　国民年金保険料の申請全額免除基準は個人住民税非課税基準に準拠しています。平成31年度税制改正において、令和3年度分の個人住民税（所得割・均等割）から、児童扶養手当受給者である未婚のひとり親で前年の合計所得金額が一定額以下の人（単身児童扶養者）が、個人住民税の非課税措置の対象に加えられることになりました。これに伴い、国民年金保険料の申請全額免除基準においても、地方税法上の未婚のひとり親が追加されます。また、現在の申請全額免除基準では、すでに個人住民税非課税措置の対象である「地方税法に定める寡夫」を対象としていませんでしたが、あわせて対象に加えることとなりました（地方税法の規定による個人住民税非課税者は政令で定められます）。

　改正後、申請全額免除の対象となるのは、次のいずれかに該当するときです。ただし、世帯主または配偶者が次のいずれの基準にも該当しない場合は本人の申請免除は認められません。

●申請全額免除基準（改正後）

> ①前年の所得*が、その人の扶養親族等の有無および数に応じて、一定額以下であるとき
> ②被保険者の世帯全員が生活保護法による生活扶助以外の扶助であって厚生労働省令で定めるものを受けているとき
> ③地方税法に定める障害者、寡婦その他の市町村民税が課されない者として政令で定める者に該当し、前年の所得が一定額以下であるとき
> ④保険料を納付することが著しく困難である場合として天災その他の厚生労働省令で定める事由があるとき

＊1月から6月までに申請する場合は前々年の所得。

用語説明

申請全額免除：国民年金の保険料免除には、法定免除と申請免除の2種類があります。法定免除は、生活保護法による生活扶助を受けている人、障害基礎年金または障害厚生年金等を受けている人などが対象で、市区町村役場への届出により保険料が免除されます。申請免除は、所得が一定額以下である人や所定の事由によって保険料を納めることが著しく困難となっている人等が対象で、その旨を市区町村役場に申請して認められたときに保険料が免除されます。申請免除は、所得の状況等によって、「全額免除」「1/4免除」「半額免除」「3/4免除」のいずれかになります。

3 国民年金保険料納付猶予制度の期間延長

▶ 保険料納付猶予の特例は令和12年6月まで延長に　　令和2年6月施行

●50歳未満の国民年金第1号被保険者であって本人および配偶者の所得が一定額以下の場合、本人の申請によって国民年金保険料の納付が猶予されます。

●この特例は令和7年6月末までの時限措置でしたが、その期間が5年間延長され、令和12年6月末までになります。（改正後平成16年改正法附則19条2項、改正後年金事業運営改善法附則14条1項）

■国民年金保険料の納付猶予制度

　平成16年の年金改正により、平成17年4月から30歳未満の国民年金第1号被保険者（学生納付特例の適用対象者を除く）について、本人および配偶者の所得要件によって、申請により国民年金保険料の納付が猶予されることとなりました。平成28年7月からは、「年金事業運営改善法」により納付猶予制度の対象者が30歳未満から50歳未満に拡大されました。この納付猶予には、1/4免除などの一部免除はありません。

　この納付猶予制度では、前ページ表の申請免除の基準のいずれかに該当すれば、世帯主の所得状況にかかわらず、本人の申請により保険料の納付が全額猶予されます。

■国民年金保険料の追納

　納付猶予を受けて保険料が免除となった期間は、年金の受給資格期間には含まれますが、年金額の計算には反映されません。納付猶予された保険料は、10年以内であれば、後から納めること（追納）ができます。追納した場合は保険料納付済期間とされ、年金額は保険料を全額納付したときと同じになります。

　追納する場合は、免除等の承認を受けた期間の翌年度から数えて3年度以降は、当時の保険料額に一定額が加算されます。また、老齢基礎年金を受けている場合は、保険料の追納はできません。

4 脱退一時金制度の見直し

▶ 支給上限年数を5年に引き上げ

- 短期在留の外国人に対する脱退一時金の被保険者期間の支給上限年数が、現行の3年から5年に引き上げられます。
- 脱退一時金制度は、短期滞在の外国人の場合、年金保険料の納付が老齢給付に結びつきにくいことがあることから創設されましたが、平成31年4月に施行された改正出入国管理法により、期間更新に限度のある在留資格の期間上限が5年になる（特定技能1号）こと等をふまえ、支給上限年数の見直しが行われます。（改正後国年法附則9条の3の2、改正後厚年法附則29条4項）

■短期滞在の外国人の脱退一時金制度

　国民年金または厚生年金保険の加入期間が6ヵ月以上あり、老齢基礎年金の受給資格期間（10年）を満たしていない外国人は、被保険者資格を喪失し、日本国内に住所を有しなくなってから2年以内に請求したときは、国民年金または厚生年金保険から脱退一時金を受けることができます。

●国民年金の脱退一時金

　脱退一時金を請求する前の直近の、国民年金の第1号被保険者期間（保険料を納付した月数または半額免除等で保険料の一部を納付した月数）*に応じて定額の脱退一時金が支給されます。この保険料納付月数の上限（支給上限年数）が、現行の3年（36ヵ月）から5年（60ヵ月）に引き上げられます（支給上限年数は政令で規定されます）。

＊保険料を全額納付した月は1ヵ月、1/4免除は3/4ヵ月、半額免除は1/2ヵ月、3/4免除は1/4ヵ月で計算されます。

●厚生年金保険の脱退一時金

　脱退一時金の額は、厚生年金保険の被保険者期間に応じて、その期間の平均標準報酬額に支給率を乗じた額となります。

脱退一時金の額＝平均標準報酬額*1×支給率*2

＊1　平均標準報酬額＝〔被保険者期間中の標準報酬月額（平15.3以前の期間は1.3倍にする）と標準賞与額の総額〕÷被保険者期間の月数

＊2　支給率＝（最終月の属する年の前年の10月の保険料率）×1/2×被保険者期間の月数に応じた月数

　この計算式に用いられる被保険者期間の月数に応じた月数（支給上限年数）が、現行の3年（36ヵ月）から5年（60ヵ月）に引き上げられます（支給上限年数は政令で規定されます）。

※上記の改正に伴い、公務員の一時金についても見直しが行われます。外国人で、国家公務員共済組合、地方公務員共済組合、私立学校教職員共済の加入期間が1年以上あり退職し、厚生年金保険の脱退一時金を請求した人は、加入していた制度から一時金を受けることができるようになります。（改正後国共済法附則13条の2、改正後地共済法附則19条の2、私学共済法25条）

5 年金生活者支援給付金の請求書送付対象者の拡大等

▶ 請求もれ防止策として請求書送付の対象者を拡大　　　　　　　令和2年6月施行

▶ 所得情報の切り替え時期が10月〜翌年9月に変更　　　　　　　令和3年8月施行

●年金生活者支援給付金の受給者の手続の簡易化と、給付金の請求もれの防止のため、請求書の送付対象者の範囲が拡大されます。

●所得・世帯情報の調査対象者の範囲が、既存の受給資格者だけでなく支給要件に該当する可能性のある人にも拡大され、簡易な請求書が送付されるようになります。（改正後支援給付金法36条、37条、39条）

■所得・世帯情報取得対象者の拡大

「年金生活者支援給付金の支給に関する法律」では、該当者の所得・世帯情報の調査は、既存の支給対象者（受給資格者）のみに限定されています。そのため、たとえば所得が前年より低下したことなどにより、新たに支給対象になりうる人については情報の取得ができないことから、支給要件に該当するに人に送付する請求書を送付することができず、自分自身で要件に該当することを確認することが難しい人は、請求もれとなってしまう可能性があります。

そこで、所得・世帯情報の取得の対象者の範囲を、支給要件に該当する可能性のある人にも拡大し、請求書を送付します。

■請求書作成・送付、提出の流れ

上記の見直しに伴い、令和3年8月より、所得情報の切り替え時期（支給サイクル）が「8月〜翌年7月」から「10月〜翌年9月」に変更されます。6月頃に市町村民税の課税所得が確定することから、8月に日本年金機構で判定処理を行い、9月に簡易な請求書（はがき型）が作成・送付されます。受給候補者は10月にこれを提出することになります。（改正後支援給付金法2条1項、13条、15条1項、20条1項）

※同一の所得情報を活用する20歳前障害基礎年金、特別障害給付金についても同様に、所得情報の切り替え時期が変更されます。

用語説明

年金生活者支援給付金：公的年金の収入金額や所得が一定基準額以下の年金受給者の生活を支援するため、基礎年金に上乗せして支給される給付金です。①老齢年金生活者支援給付金および補足的老齢年金生活者支援給付金、②障害年金生活者支援給付金、③遺族年金生活者支援給付金の3種類があります。

老齢（補足的老齢）年金生活者支援給付金の対象となるのは、以下の支給要件をすべて満たしている人です。

①65歳以上で、老齢基礎年金を受けている

②世帯全員の市町村民税が非課税となっている

③前年の年金収入額とその他の所得額の合計額が所得基準額以下である（所得基準額は毎年1回改定）

6 児童扶養手当と障害年金の併給調整の見直し

▶ 児童扶養手当と障害年金の子の加算部分の差額を支給　　令和3年3月施行

●障害基礎年金を受給している場合、障害年金額が児童扶養手当額を上回ると児童扶養手当が支給停止される現行の併給調整の方法を見直し、児童扶養手当と障害年金の子の加算の額との差額を受給できることとされます。**(改正後児童扶養手当法13条の2)**

■児童扶養手当と障害年金を受けられるときの調整

　児童扶養手当は、離婚などによるひとり親家庭などの生活の安定と自立の促進に寄与するため、その家庭で養育されている子について支給し、子の福祉の増進を図ることを目的とした手当です。

　現行の制度では、障害年金額が児童扶養手当額を上回ると児童扶養扶養手当が支給されません。改正後は、この併給調整の方法を見直し、児童扶養手当の額と障害年金の子の加算の額との差額が支給されるようになります。

●併給調整の例

○障害基礎年金（2級）受給中のひとり親と子が1人のケース（令和2年度の額）

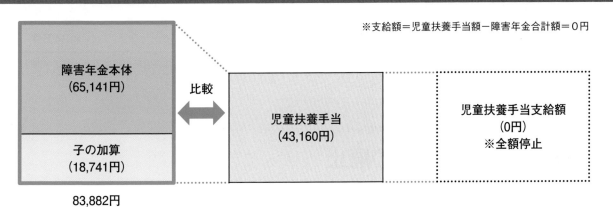

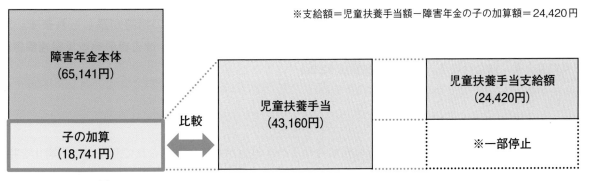

（注）児童扶養手当支給額の計算方法等は政令で定められます。

7 厚生年金保険法における日本年金機構の調査権限の整備

▶ 未適用事業所への実効性ある対応を可能に ▶ 令和2年6月施行

- 日本年金機構では、国税庁からの法人事業所の情報提供等により、適用の可能性がある事業所への加入指導を実施していますが、事業所に対する立ち入り検査・文書等の提出命令は、現在は、適用事業所のみが対象とされています。
- 未適用事業所への実効性のある対応を可能とし、社会保険の適切な適用の促進に資するよう、未適用事業所である事業所に対しても、立ち入り検査・文書等の提出命令ができることとされます。(改正後厚年法100条)

■厚生年金保険の未適用事業所への対応

未適用事業所であるものの、適用事業所である蓋然性が高いと認められる事業所については、任意の指導等によって適用対策が進められていますが、法的権限に基づく立ち入り検査等が行えないことから、日本年金機構の調査権限の規定を整備することとされました。

● 厚生年金保険の適用の可能性がある人
(国民年金被保険者実態調査における推計)

H26.3末時点	H29.3末時点
約200万人程度	約156万人程度*

＊適用拡大により対象となった短時間労働者約12万人を含む。

● 厚生年金保険の適用の可能性のある法人事業所
(国税庁情報に基づく調査対象)

H27.3末時点	R元.9末時点
約97万件	約34万件

※この間に新たに厚生年金の適用の可能性があると判明した法人事業所は約31万件。

8 年金担保貸付事業の廃止

▶ 新規貸し付け申し込み受付を終了 ▶ 令和4年4月施行

- 年金生活者の一時的な資金需要に対して、年金受給権を担保として小口資金の貸し付けを行う年金担保貸付事業が閣議決定により廃止されることに伴い、必要な法制上の措置が講じられます。新規貸し付け申込受付は令和3年度末で終了します。(改正後国年法24条、改正後労働者災害補償保険法12条の5-2項、独立行政法人福祉医療機構法12条)

■年金担保貸付事業等の廃止

年金担保貸付事業は、年金受給者の生活費に充てられるべき年金が返済に充てられて利用者の困窮化を招くこと等の指摘をふまえ、平成22年に閣議決定された「独立行政法人の事務・事業の見直しの基本方針」に基づき廃止が決定され、段階的に事業規模を縮小してきましたが、令和3年度末で新規貸し付けの申し込み受付を終了します。

労災年金担保貸付事業および株式会社日本政策金融公庫等が行う恩給担保貸付事業のうち公務員共済系・公務員災害補償系についても同様に廃止されます。

年金制度改正の解説—令和2年改正で年金はこう変わる

令和 2 年 7 月発行

発行所　　株式会社 社会保険研究所

　　　　　東京都千代田区内神田 2-15-9　　The Kanda282 〒101-8522

　　　　　電話：03-3252-7901（代）

　　　　　URL　https://www.shaho.co.jp/shaho